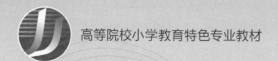

高等院校小学教育特色专业教材

教育实践指南

主　编　刘志敏　朱承学

副主编　彭常玲　曾晓洁

编写者　艾振宙　朱承学　刘志敏

　　　　许　兰　李　阳　李建亚

　　　　杨翼丞　周　辉　黄月胜

　　　　彭常玲　曾晓洁

高等教育出版社·北京

内容提要

　　本书是高等院校小学教育特色专业教材。

　　教育实践是教师专业成长的必经之路，是师范生培养的必要环节。本书参考《教育部关于加强师范生教育实践的意见》，以教育见习、教育实习、教育研习"三习"为主要模块，分为基础篇、见习篇、实习篇、研习篇、总结篇。全书面向高素质专业化创新型教师培养要求，立足教育学、心理学以及课程教学理论，吸收大量当前基础教育改革实践及师范生教育实践案例，针对师范生教育实践各环节组织内容，强调教师职业理想、教师职业能力培养，引导师范生在教育实践中发现问题、分析问题、解决问题，并通过教育研习、总结反思提升自己。

　　本书力求体现理论性与实践性、开放性与创造性、研究性与发展性有机结合，所选内容精要，案例丰富，提供大量教育实践工具表格，并用二维码链接拓展学习案例和阅读资源，具有很强的实用价值，可作为师范专业本、专科学生开展教育实践的指导用书。

图书在版编目（ＣＩＰ）数据

　　教育实践指南 / 刘志敏，朱承学主编. -- 北京 ：高等教育出版社，2021.5
　　ISBN 978-7-04-056010-7

　　Ⅰ．①教… Ⅱ．①刘… ②朱… Ⅲ．①小学教育-教育实习-师范大学-教材 Ⅳ．① G652.44

　　中国版本图书馆CIP数据核字(2021)第065807号

Jiaoyu Shijian Zhinan

策划编辑	肖冬民　何　淼	责任编辑	肖冬民	特约编辑	何　淼	封面设计	姜　磊
版式设计	张　杰	插图绘制	李沛蓉	责任校对	刁丽丽	责任印制	耿　轩

出版发行	高等教育出版社	网　　址	http://www.hep.edu.cn
社　　址	北京市西城区德外大街4号		http://www.hep.com.cn
邮政编码	100120	网上订购	http://www.hepmall.com.cn
印　　刷	三河市宏图印务有限公司		http://www.hepmall.com
开　　本	787mm×1092mm 1/16		http://www.hepmall.cn
印　　张	12.75		
字　　数	260千字	版　　次	2021年5月第1版
购书热线	010-58581118	印　　次	2021年5月第1次印刷
咨询电话	400-810-0598	定　　价	30.00元

本书如有缺页、倒页、脱页等质量问题，请到所购图书销售部门联系调换
版权所有　侵权必究
物 料 号　56010-00

前　言

2016年，教育部颁布的《关于加强师范生教育实践的意见》(以下简称《意见》)指出，师范生教育实践是教师教育课程的重要组成部分，是教师培养的必要环节。该《意见》首次将"三习"并列提出，要求"以教育见习、实习和研习为主要模块，构建包括师德体验、教学实践、班级管理实践、教研实践等全方位的教育实践内容体系"。由此，为更好地提升师范生培养质量、促进新时代教师教育内涵的发展，我们面向广大从事教师教育的教师、师范生开展调研，了解新时代教育实践的新理念、新要求、新方法、新途径、新措施等，并着手研究、制订《教育实践指南》(以下简称《指南》)的编写计划。

2018年10月，我们启动了《指南》的编写工作。经过编写组全体成员和相关编辑将近2年的努力与合作，我们完成了本书的编写工作。

根据《小学教师专业标准(试行)》，一名合格的小学教师应满足职业理解与认识、对小学生的态度与行为、教育教学的态度与行为、个人修养与行为、小学生发展知识、学科知识、教育教学知识、通识性知识、教育教学设计、组织与实施、激励与评价、沟通与合作、反思与发展共13个方面的要求。本《指南》基于小学教师专业能力结构和师范生教育实践各环节中的实际问题搭建了结构与内容。

《指南》第一篇为"基础篇"，解读了对教育实践的基本认识，强调了教师职业道德及专业技能要求，便于师范生理解教师职业的规范，以及教育实践的概念、内涵、形式、内容和注意事项等，为师范生入校实践打好基础。

《指南》第二篇至第四篇，遵行"见习-实习-研习"的教育"三习"实践内容体系，设计了"见习篇""实习篇""研习篇"。每篇主要以"举案说法"的形式展开，案例切合新时代对师范生实践能力的要求，指导师范生更好地开展各个环节的实践活动。

其中，教育见习是师范生走上讲台的必经阶段，也是师范生接触真实课堂、学习教育教学实践知识和掌握经验的宝贵机会。见习篇分为"课堂教学见习"和"班级管理见习"两章。教育实习是初步训练师范生实际教育与教学工作能力的综合实践方式，包括学科教育教学、班级管理、教学管理等，使师范生获取对教育教学的基本认知，增强专业情感，提升专业能力和专业综合素质。实习篇分为"学科教学实习"和"班级管理实习"两章，涉及教学设计教学实施、听课、评课，以及班级基础性管理、班级文化建设、班级综合治理，还有初步认识各方教育力量和个别指导与心理辅导。根据《意见》要求，教育研习既是师范生成长为一名新时代合格教师的必经之路，也是师范生获得反思意识和研究能力的必经之路。研习篇分为"学科教学研习"和"教育管理研习"两章，主要通过案例分析的形式指导师范生有效开展教育研习。

《指南》最后一篇为"总结篇"，突出对师范生反思能力的培养与指导。总结篇分为"教育实践总结反思"和"教育实践成绩评定"两章。教育实践总结反思能使师范生直观和具体地回顾、分析、反思、研究教育实践过程，找出自己的优缺点，针对自己的缺点和不足提出改进措施，进而提高教育实践效果。教育实践结束后，学校应对师范生的专业素养和教育实践过程进行科学、合理的成绩评定。

《教育实践指南》编写的具体分工如下：

杨翼丞负责第一章、第二章第一节的编写；周辉负责第二章第二节的编写；艾振宙负责第三章、第五章的编写；许兰负责第四章的编写；李阳负责第六章的编写；黄月胜负责第七章的编写；曾晓洁负责第八章、第九章的编写；彭常玲负责第十章、第十一章的编写；朱承学撰写本书前言。

刘志敏、朱承学、彭常玲、李建亚负责《指南》编写的组织和统稿工作，朱承学对全书进行审校，彭常玲参与审校。

各编写者按个人负责章节分别建设数字资源，彭常玲、周辉负责对数字资源进行统稿和整理。

我们希望《教育实践指南》能够以较新的实践内容体系，更为丰富、实用的实践案例，去更好地帮助师范生开展教育实践，努力提升专业技能。

本《指南》在编写过程中，参考、引用、摘选了部分专家和学者及学生的观点、著作等资源，这些资源的来源已经尽量列举在参考文献中，但难免有不完善之处，在此谨向这些作者表达最诚挚的谢意，不当之处也请各位作者理解和见谅。由于时间仓促，水平有限，缺点和不足在所难免。我们热切期盼读者朋友们给我们提出批评和建议。

我们感谢高等教育出版社肖冬民和何淼两位编辑对本教材的编写所给予的关心和支持。

本书编写组
2021年1月

目　录

表格目录

基础篇

第一章　教育实践的认知基础

教师是人类灵魂的工程师，是人类文明的传承者，承载着传播知识、传播思想、传播真理，塑造灵魂、塑造生命、塑造新人的时代重任（2018 年 9 月 10 日习近平在全国教育大会上的讲话）。习近平总书记在第 30 个教师节赴北京师范大学看望师生时，语重心长地说道："一个人遇到好老师是人生的幸运，一个学校拥有好老师是学校的光荣，一个民族源源不断涌现出一批又一批好老师则是民族的希望"。"国将兴，必贵师而重傅。"（《荀子·大略》）中华民族伟大复兴必须依靠优秀的人才，而培养优秀人才必须依靠教育，依靠一批又一批优秀的教师。这也凸显了教师培养的重要性。作为教师职前培养的重要环节，教育实践需要引起各方的高度重视。师范生在进入教育实践的准备阶段前，首先要了解和厘清一些认识上的问题。

第一节　教师职业的规范

师范生作为即将进入教师行业的准教师，首先需要了解教师职业领域的一些规定性要求，如教师职业道德、教育法律法规和教师专业标准。

一、教师职业道德

我国《教师法》(全称为《中华人民共和国教师法》，这里用简称，下同，其余法律等文件必要时也用通用的简称)从法律角度明确了教师职业的特征，即"教师是履行教育教学职责的专业人员，承担教书育人，培养社会主义事业建设者和接班人、提高民族素质的使命。教师应当忠诚于人民的教育事业"。教师职业道德是教师职业区别于其他职业的根本标志，是教师职业的特殊要求。教师职业对从业者有着高标准、全方位的道德要求，将师德视为从业的核心资质和必要条件，视为教师专业素质的重要构成部分。

2008年，我国颁布了《中小学教师职业道德规范（2008年修订）》，这是新中国成立以来，国家正式颁布的第四版中小学教师职业道德规范。《中小学教师职业道德规范（2008年修订）》共6条，体现了教师职业对师德的本质要求和时代特征，而"爱"与"责任"是贯穿其中的核心和灵魂。具体内容如下：

1. 爱国守法。热爱祖国，热爱人民，拥护中国共产党领导，拥护社会主义。全面贯彻国家教育方针，自觉遵守教育法律法规，依法履行教师职责权利。不得有违背党和国家方针政策的言行。

爱国守法是教师职业的基本要求。热爱祖国是每个公民，更是每个教师的神圣职责和义务。爱国，不仅体现在教师的个人思想和言行上，也体现在教育教学的过程中。作为一名即将进入教师行业的准教师，了解"依法执教"的重要性是非常必要的。依法执教，就是教师要依据法律法规履行教书育人的职责。其含义主要有二：一是教师的教育教学行为要在法律法规所允许的范围内进行；二是教师要善于利用法律手段来维护自身的合法权益。教师了解生活、工作中可能涉及的基本法律知识，养成学法、守法、依法的生活态度和处世习惯，不但可以很好地规范自己的教育教学行为，规避可能产生的法律风险，而且可以运用法治思维，解决学校、教师、学生、家长等多个法律关系主体之间产生的矛盾、纠纷、冲突等问题。

2. 爱岗敬业。忠诚于人民教育事业，志存高远，勤恳敬业，甘为人梯，乐于奉献。对工作高度负责，认真备课上课，认真批改作业，认真辅导学生。不得敷衍塞责。

爱岗敬业是教师职业的本质要求。没有责任就办不好教育，没有感情就做不好教育工作。教师应该始终牢记自己的神圣职责，把个人的成长进步同社会主义伟大事业，同祖国的繁荣富强紧密联系在一起，并在深刻的社会变革和丰富的教育实践中履行自己的光荣职责。

3. 关爱学生。关心爱护全体学生，尊重学生人格，平等公正对待学生。对学生严慈相济，做学生良师益友。保护学生安全，关心学生健康，维护学生权益。不讽刺、挖苦、歧视学生，不体罚或变相体罚学生。

关爱学生是师德的灵魂，也是建立良好的师生关系的重要基础。"亲其师，信其道。"（《礼记·学记》）如果没有良好的师生关系，学生不但不会喜欢一位教师，而且很有可能不会喜欢上这位教师所教的课程。没有爱，就没有教育。但也不要以"爱"的名义，辱骂、责怪、体罚甚至殴打学生。

4. 教书育人。遵循教育规律，实施素质教育。循循善诱，诲人不倦，因材施教。培养学生良好品行，激发学生创新精神，促进学生全面发展。不以分数作为评价学生的唯一标准。

教书育人是教师的天职，也是教师职业区别于其他职业的重要特征。不断提高自身的教育教学水平，促进每位学生的全面发展和个性发展，这是教师的责任，也是教师的义务。

5. 为人师表。坚守高尚情操，知荣明耻，严于律己，以身作则。衣着得体，语言规范，举止文明。关心集体，团结协作，尊重同事，尊重家长。作风正派，廉洁奉公。自觉抵制有偿家教，不利用职务之便牟取私利。

为人师表是教师职业的内在要求。教师要在各个方面率先垂范，做学生的榜样，以自己的人格魅力和学识魅力教育并影响学生。同时，教师在与同事和家长的交往过程中，也要秉承团结合作、廉洁无私的原则，尤其是不组织、不参与任何形式、任何机构的有偿补课和培训。

6. 终身学习。崇尚科学精神，树立终身学习理念，拓宽知识视野，更新知识结构。潜心钻研业务，勇于探索创新，不断提高专业素养和教育教学水平。

终身学习是教师专业发展不竭的动力。时代永远在发展，教育理论和实践始终在不断丰富和进步，与时俱进和终身学习是教师专业发展的必然途径。

作为准教师的在校师范生，深入了解教师职业道德规范，并在教育实践中贯彻始终，这是成为一名合格教师的重要前提。

拓展阅读：《教育部关于印发〈中小学教师违反职业道德行为处理办法（2018年修订）〉的通知》《中小学职业道德规范（2008年修订）》

拓展阅读

作为教育实践前的准备，师范生需要了解相关的教育政策法规和教育规划纲领性文件，主要有以下7个：《中华人民共和国教育法》《中华人民共和国义务教育法》《中华人民共和国教师法》《中华人民共和国未成年人保护法》《中华人民共和国预防未成年人犯罪法》《学生伤害事故处理办法》《中国教育现代化2035》。

拓展阅读：教育政策法规和教育规划纲领性文件（共7个）

二、教师专业标准

教育部2012年发布中小学教师专业标准（试行），这是国家对小学和中学教师专业素质的基本要求，是教师实施教育教学行为的基本规范，是引领教师专业发展的基本准则，是教师培养、准入、培训、考核等工作的重要依据，所以也是师范生在教育实践前期需要了解和学习的重要文件。中小学教师专业标准包含《幼儿园教师专业标准（试行）》《小学教师专业标准（试行）》《中学教师专业标准（试行）》三个文件，各个标准的基本内容都包含"维度""领域""基本要求"三个层次，如《小学教师专业标准（试行）》中有三个维度、十三个领域、六十项基本要求。"三个维度"是"专业理念与师德""专业知识""专业能力"；在各个维度下，又分了四至六个不等的领域；在每个领域之下，又提出了三至六项不等的基本要求。在进行教育实践之前，这些基本要求都需要师范生认真阅读并对照自身检查，在实践过程中做好落实，切实履行。

拓展阅读：《小学教师专业标准（试行）》

第二节　教育实践的认识

在开始教育实践之前，师范生还需要对教育实践的概念、形式和内容进行初步了解，然后熟悉教育实践的一些政策性要求和规定性内容，以便更好地开展教育实践。

一、教育实践的概述

通常所说的"教育实践"是指以一定的教育认识和教育观念为基础，以人的培养为核心的一种有目的的教育行为及活动方式。对于教师教育而言，教育实践则是指：为了完善知识结构，培养和锻炼教育教学实践工作的能力，师范生在校内和校外导师的指导下，通过教育见习、教育实习、教育研习三种方式互为衔接、有序连贯、循序渐进地开展实践活动，将已获得的学科专业知识、技能和教育科学知识与技能运用于中小学教育、教学和研究工作中，全面提高职前教师职业素养的教育行为和过程。

拓展阅读：国家教委《高等师范学校学生的教师职业技能训练大纲（试行）》（1994年3月）

中华人民共和国国家教育委员会①（以下简称为国家教委）于1992年9月颁发了《高等师范学校学生的教师职业技能训练基本要求（试行）》，首次以法规形式把口语表达技能、书面表达技能、教学工作技能、班主任工作技能等教师基本技能列为高等师范学校学生的培养目标和必修课程。之后国家教委又于1994年3月颁发了《高等师范学校学生的教师职业技能训练大纲（试行）》，要求全国高等师范学校贯彻执行。上述两个文件对于教育实践而言具有里程碑式的意义，阐明了师范学校教育实践的关键内容，强调了职前教师教育实践的重要性和必要性。

2016年，教育部颁布了《关于加强师范生教育实践的意见》，提出了以教育见习、实习和研习为教育实践课程的主要模块。教育见习体验唤醒了职前教师实践意识，教育实习平台推动了职前教师角色转变，教育研习项目促进了职前教师自主反思。②把教育见习、教育实习、教育研习有机结合，使之成为互为衔接的三个部分，贯穿师范生培养阶段，已成为当下教师教育的一种普遍倾向。师范生通过教育实践，感受教师职业属性，亲身体验教师职业特点，增强教师职业认同感，并在教育实践过程中获得教师职业技能的锻炼和提升。③而对于教师的职后发展而言，教育实践能缩短准教师入职后的过渡期和适应期，促进教师职后的专业学习、发展和实践能力提升。拥有丰富实践知识的教师能够在解决问题时从多种视角进行整体把握，洞察多种可能性，迅速做出决策。这些实践知识和智慧是教师经过长期教学和实践获得的，并且是与时俱进、不断发展的。④

---

① 中华人民共和国国家教育委员会成立于1985年，1998年完成其历史职责，更名为教育部。

② 叶叶. "教育见习、研习、实习一体化"实践模式的问题与管理对策研究［D］. 华东师范大学，2013.

③ 陈火弟，吕学峰，曹宇. 本科师范生"多维度、全方位、一体化"教育实践模式的构建与实践：以东华理工大学为例［J］. 东华理工大学学报（社会科学版），2018，37（2）：172-175.

④ 赵昌木. 教师成长：实践知识和智慧的形成及发展［J］. 教育研究，2004（5）：54-58.

二、教育实践的形式

2016年教育部提出师范生教育实践课程要以教育见习、教育实习和教育研习为主要模块来进行。

（一）教育见习

教育见习是师范生架构理论知识与实践知识的桥梁，是在积累了一定的本体性知识和条件性知识的基础上，进行验证学习进而获取实践性知识的一个实践环节。这一实践环节可以唤醒师范生的职业实践意识。具体来说，通过现场观摩、调查、体验，师范生能够初步了解基础教育的学科教育教学现状，熟悉教育对象的特点；通过观摩见习学校的教育教学组织情况，师范生能够进一步了解教师职业特点，增强自身的职业实践意识。

（二）教育实习

教育实习是初步训练师范生实际教育与教学工作能力的综合实践方式，包括学科教育教学、班级管理、教学管理等，其目的是使师范生获取对教育教学的基本认知，增强专业情感，提升专业能力和专业综合素质。[①]

（三）教育研习

教育研习指师范生在校内和校外导师的指导下，运用所学的知识体系对教育现象、教育问题进行分析、研究与讨论，在理论与实践的互动以及探索与反思的交替中提升专业敏感性。以问题为驱动的教育研习能够促进师范生进行专业自主反思，将感性的经验上升为理性的思考，实现在实践中创新，以所学的教育理论知识为指导，对基础教育中的教育问题进行思考，并开展教学模式、教学内容、教学方法等方面的研究与实践。

三、教育实践的内容

《普通高等学校师范类专业认证实施办法（暂行）》提出了"小学教育专业认证"要求：师范类高校的实践教学体系完整，专业实践和教育实践有机结合；教育见习、教育实习、教育研习贯通，涵盖师德体验、教学实践、班级管理实践和教研实践等，并与其他教育环节有机衔接。教育实践时间累计不少于一学期。

教育见习一般放在大学一、二年级开展，从课程的角度可以分为教育见习1和教育见习2，一般时间各为一周，体现一定的递进层次，以观察、了解、认识学校教育教学活动为主，师范生主要扮演观察者的角色。教育见习1的主要任务是走进小学，参观校园，观摩教育教学活动，感受小学校园环境和文化，了解小学教育教学开展的整体状况，对小学、小学教师和小学生、小学课堂教学有初步的认识。具体主题主要包括小学校园环境与建筑布局观察、小学日常管理体系观察、小学课

---

① 周琴，周敏. 基于反思性实践的师范生"教育见习、研习、实习一体化"实践模式的探讨 ［J］. 教育现代化，2018，5（45）：260-262，265.

堂教学观摩和小学班级管理观察等四项内容。教育见习2的主要任务是走进小学课堂，结合小学教育学、课程与教学论、学科课程与教学论等理论知识的学习，对小学课堂教学活动和班集体教育活动开展的具体过程进行观摩学习与研讨评议，对学科课堂教学与班级教育管理的过程和规律形成较深入的认识。具体主题主要包括小学学科课堂教学工作见习和小学班主任工作见习两项内容。

教育实习一般放在大学三、四年级开展，可分为市内教育实习和顶岗实习两个层次，前者时间一般为六周，后者时间则可能会长达一个学期（约十八周）。教育实习主要以实际演练和操作为主要方式，尝试进行教育教学活动，师范生主要扮演实践者的角色。市内教育实习的课程内容以帮助师范生积累班级管理的实践知识和学科教学实践知识为主，并逐步参与学科教学活动。顶岗实习是教师教育必修的实践类课程，是教师职前教育的关键环节。师范生通过顶岗任课，体验课堂实践教学，参与学校教育教学活动，完成教育实习任务，逐步适应教师工作岗位，为入职打下良好基础。

拓展阅读：《教育部关于加强师范生教育实践的意见》（教师〔2016〕2号）

教育研习一般放在大学二年级以后开展，可以单独开辟时间段，通常时间为两周，也可以从教育见习2开始，贯穿在教育见习和教育实习中。在教育研习中，师范生主要扮演研究者的角色，通过体验、尝试、访谈、调研等方式，在教育见习、实习的基础上，对小学教育教学中的相关问题进行分析、思考、论证，对相关问题有更多的理性思考和认识，锻炼发现问题、研究问题的基本能力。在顶岗实习阶段，师范生尤其要结合对基层教育教学问题的思考，提炼毕业论文选题，搜集资料和素材，发放调查问卷，开展访谈调研，为完成毕业论文打下基础。

四、教育实践的注意事项

（一）确保安全

l. 出行安全

首先，利用地图（包括电子地图）查找教育实践所在学校的位置，设计好从住地到学校的交通路线，确认公共交通车辆是否停靠在学校附近以及具体在什么位置停靠，下车后如何步行到达学校。其次，乘坐交通工具要注意人身和财物安全，最好是集体（小组）一起出行。如果要赶时间，打车也尽量2～4人合乘。

2. 饮食安全

学生在教育实践期间要注意饮食卫生，养成良好的饮食习惯，原则上应在见习、实习学校就餐。不准在校外暴饮暴食或食用没有卫生条件保障、来源不明的"三无"食品。在教育实践期间严禁吸烟、喝酒。

3. 活动安全

学生必须严格遵守作息制度，外出活动应结伴而行，行为举止要文明礼貌，不得酗酒闹事、惹是生非，避免与社会人员发生冲突；未经指导教师允许，不得到与教育实践工作无关的场所活动（如歌厅、舞厅、游戏厅、酒吧等）；不得参加社会上的非法活动，杜绝各种意外发生；要清理好宿舍环境，注意用水、用电、用煤气安全，妥善保管好自己的财物，做好防火、防盗工作；严禁独立组织与教育实践工作无直接关系的各类学生活动。

（二）权益维护

师范生在教育实践期间，与教育实践所在学校会有各种学习、生活和工作方面的往来，也会有各种教学和活动场合与学生在一起。在此期间，可能会发生一些学校与学生、学生与老师、学生与学生之间的权益纷争，甚至肢体冲突等。为了维护学校和师范生的合法权益，保证教育实践的顺利进行并取得较好成效，在一般情况下师范生本校、教育实践所在学校、师范生三方会共同签订一份协议书。协议书一般对三方的责任、义务和权利都有基本的要求和保障。其中，明确了师范生教育实践的时间、周期，承担的工作岗位，学习工作纪律要求与条件的保障，意外事故的处理与赔付，法律责任的分担等事项。

拓展阅读：某学校学生实习三方协议书

师范生如与教育实践所在学校发生权益纠纷，应保持冷静，不宜有过激行为，应及时与学校指导教师联系，对有关事宜进行协调处理。

（三）纪律礼仪

师范生在教育实践期间要谦虚谨慎，严格要求自己，每日整肃衣装，注重礼仪。以教育实习为例，实习生在实习学校中需要遵守的纪律和礼仪要求主要有：

（1）遵循党的教育方针、政策，热爱教育事业，关心、爱护学生。服从学校的统一安排，严格遵守实习工作规定和实习学校的规章制度。

（2）服从实习学校的领导，虚心接受指导教师、原任教师和原班主任教师的指导，尊敬实习学校的每一位工作人员，服从实习学校和实习队的安排，如有要求和意见，应通过正当途径反映，不可搬弄是非。

（3）要按规定参加实习学校所有的教育教学活动，工作认真负责，学习刻苦钻研。

（4）行为要符合所在学校对教师工作、生活的要求，要做到言行举止得当，生活简朴，衣着得体大方，教书育人，言传身教，作学生的表率。

（5）在课堂教学实习和班主任工作实习中，实习生应事前编写教案和计划送交双方指导教师审阅，进行试讲或讨论，经批准后才能正式上课或进行班级工作。

（6）实习生之间要团结互助，互相尊重，取长补短，经常开展批评和自我批评，发扬集体主义精神，共同完成各项实习任务。

（7）未经请假，不得擅自离开实习岗位。在实习期间，原则上一般不准请事假，请病假需持医生开具的病假证明。由于特殊原因必须请假时，须事先向指导教师说明情况并及时办理请假手续。

（8）在实习期间，使用实习学校的器物，应征得该校有关部门同意并按时归还。如有损坏或遗失，要及时汇报，并照价赔偿。

（9）未经实习学校领导和指导教师批准，没有实习学校领导及教师参与，不得组织班集体的旅游参观等外出活动。

（10）不准接受实习学校学生的礼物。

（11）在实习期间，不得吸烟、饮酒。

（12）遵守实习学校的作息时间，并做好治安保卫及清洁卫生工作。注意防火、防水、防盗，确保实习期间的人身安全和身心健康。

第二章 教育实践的专业技能准备

　　教育实践的顺利进行，除了需要师范生提高认识，掌握理论，熟悉有关常识之外，更重要的是践行、实操。对师范生而言，教育实践基本都是在陌生的环境，面对陌生的学生开展的。大多数师范生初次走上讲台时，容易出现心理紧张的现象，如心跳加速、面红耳赤、声音发干发涩、手心出汗。师范生如果平时缺乏训练，教学基本功不扎实，对教学内容、教学要求和教学方法等不熟悉，或者普通话不标准，粉笔字板书写不好，就容易丧失信心；面对台下学生注视的目光，心里就会害怕、发慌、走神，教学节奏混乱，导致课堂失控。这样不仅会影响当堂课的教学效果，还有可能产生情绪的"负迁移"，严重的甚至会影响到今后教师职业选择思想、态度的稳定性。所以，师范生加强教学基本功训练，不断提升专业素养，不仅有利于教育实践的顺利进行，更关乎未来教师职业的长远发展。

第一节　教学基本技能训练

教学基本技能训练是在教育学、心理学和学科教育理论的指导下，以专业知识为基础进行的教学基本技能的训练活动。

一、精读课程标准

基础教育学科课程标准一般会规定课程的性质、课程基本理念、课程的设计思路、课程的总目标和阶段目标，并对课程开发和评价等也作详细阐述。师范生需要根据自身所学专业，充分地阅读、了解相应的学科课程标准，只有这样，才能在教育实践中做到心中有数，有的放矢。首先要熟悉课程标准的内容要点，把握课程结构、呈现方式、课程内容之间的逻辑关系；了解教科书（教材）编写指导思想、内容选择标准与学习方法、课程资源呈现方式、教学建议、课程的学科特点与方法，尤其是针对特定内容选择课程资源、选择方法、分配教学时间以及确定评价方法的建议。其次，师范生可以通过文本研读、小组讨论、实践调研、专题培训等方式，从多个角度认识课程标准。

二、研读教材

研读教材是教师进行教学设计的基础，是上好课的前提。对教材的分析是否到位，不仅关系到能否真正发挥教材的作用，也会直接影响教师的课堂教学质量。第一，阅读分析教材的首要任务是确定教学目标。教学目标是教师进行教学活动的出发点和落脚点。通常，教师会按照三维目标来制订教学目标，即知识与技能、过程与方法、情感态度与价值观。三维目标不是相互孤立的，而是相互统一的整体，是基于人的完整性提出的一体三面，在进行目标设计时不能简单地将三者割裂开来。三维目标的内在含义是要让学生在掌握知识与技能的同时，亲身经历、体验学习和探究的过程，并且形成正确的情感态度与价值观。第二，师范生需要从宏观上把握教材的内容结构和单元构成，从微观上把握教材知识点的分布，在对教材进行解构的同时，注意把握教材内容之间的逻辑联系。第三，师范生可以从历史的角度来研读教材，了解教材背后的社会发展变迁和它内在的时代意蕴。第四，师范生要建立起教材与生活的关联，思考教材如何呈现学生的生活世界，体现教学对学生生活经验的重组作用。第五，师范生要充分考虑学生的主体性，要站在学生的角度换位思考，考虑当下学生的需要，考虑教学要符合学生的认知规律和特点，让教材更好地为学生服务。第六，师范生要考虑如何使用现代教育技术组织、开发课程资源，优化教学环境、条件，更好地吸引学生，促进教学效果的提升。

三、课堂观摩

在进行教育实践之前，观摩优秀教师的课堂教学是师范生成长的重要环节，特别是观摩典型课、示范课、公开课。观摩网络视频课也是常用的方式之一。

在观摩课堂教学前，师范生要对教材的相关内容进行初步了解，掌握课程标准及课程实施的要求；在观摩的过程中，还要认真观察和记录。师范生在观摩时可以主要关注以下三个方面：

一是课堂组织，包括教学内容、教学语言、教学活动的组织等，其中核心是教学活动的组织：如何抓住知识主线，层次分明，思路清晰，重点突出，有讲有练，组织严密，根据学生的学习现状及时调整教学计划；

二是教学调控，看教师如何根据课堂教学进展情况与出现的问题，采取有效措施，调整教学环节，保证课堂教学任务顺利完成；

三是练习设计，看教师如何依据学生的个体差异，设计具有弹性、开放性、实践性的练习题，达到巩固新知、拓展提高的目的，以满足不同类型学生的需要。

在课堂教学观摩中，师范生进行课堂教学过程记录。记录一般分为三个部分：一是教学步骤（也即教学流程）；二是板书设计；三是教学评价，包括优点评述、不足分析等。在课堂教学观摩后，师范生要对记录进行整理并思考：教师为什么要这样处理教材，换个角度行不行？如果是自己来上这节课，应该怎样上？课程标准的理念、方法、要求到底如何体现在日常课堂教学中，并内化为教师自觉的教学行为等？如果我是学生，我是否掌握和理解了教学内容？除此之外，我们建议在同一所学校实习的小组成员们共同参与观摩，一起交流研讨，深入分析教师的教学行为，如此可以互相启发，互相帮助，这对小组成员共同成长与发展具有非常积极的促进作用。

四、微格教学

微格教学（microteaching）是一个缩小了的、可控制的教学环境，它可以使师范生集中掌握某一特定的教学技能和教学内容。在实验的情境中，以3～5个成员为小组，教学的时间是5～10分钟，练习者需要表现出预设的教学技能。角色扮演是微格教学中的重要环节，师范生扮演教师，为营造气氛，小组其他成员扮演学生。师范生以微格教学模拟课堂教学，试讲后观看自己的教学录像，与小组其他成员一起对教学技能等进行讲评与分析，并与优秀教师的课堂教学录像对比，在反思中改进自己的教学。

微格教学的目的是在进入学校实习之前，为师范生提供教学练习的机会，较为系统地训练师范生的教学技能，是正式实践之前的必要准备。微格教学通常安排在课程实训环节，师范生通过参与教学技能模拟训练，经历"诊断示范—观课议课—研课磨课—成果展示—总结提升"等训练环节，在教育实践过程中将内在的教育教学理论知识不断外化为一系列教学行为，从而固化为自己的教育教学能力。[1]

---

[1] 陈火弟，吕学峰，曹宇. 本科师范生"多维度、全方位、一体化"教育实践模式的构建与实践：以东华理工大学为例 [J]. 东华理工大学学报（社会科学版），2018，37（2）：172-175.

　　师范生在开展微格教学时，还要了解各项教学技能实施的原则及其预期标准，让自己有可参照的努力目标。尤其需要重点关注以下方面：引起学生的学习兴趣、调动学生的学习动机、预习活动的内容安排及指导、讲述的技巧、提问的技巧、评价的技巧、恰当的结束、教学反馈信息的收集及处理等。

五、教学基本功

　　教师职业技能的形成是一个长期的、反复训练与提高的过程，必须依靠较长时间的练习和积累。为此，师范生需要进行常态化、自主性、系统性的训练。具体的技能包括：三笔（钢笔、毛笔、粉笔）一画（简笔画）、普通话、口语表达、课件制作、专业基本功、课堂模拟（实境模拟或虚境模拟）、说课等。其中，低年级师范生侧重进行一般性的技能训练（如三笔一画、普通话、口语等），中、高年级师范生侧重进行与专业相关的技能以及教育实践能力的训练（如专业基本功、课件制作、课堂模拟、说课等）。学校可以安排师范生进行自主式训练，如晨读晚练，利用早读课与晚自习进行专项的教师专业技能训练。早读课可以安排普通话朗读、口语技巧等方面的自主训练，晚自习可以安排三笔一画、课件制作以及各个专业基本功的训练等。为检验和提高训练的效果，学校可以举办各种技能比赛，鼓励师范生积极参赛，以赛促练，增强训练的吸引力，强化自主训练的效果。学校还可以组织互助式训练，即由同一班级的师范生组成技能训练互助小组（一般由3～5人组成），组内成员在相关技能方面各有所长。互助式训练主要用于课堂模拟、说课、微格教学等方面，采用互助式训练模式可以使师范生有更多的机会进行训练，并通过讨论、交流、评析等活动互相借鉴、共同提高。[①]

第二节　现代教育技术运用

拓展阅读：《中小学教师信息技术应用能力标准（试行）》

　　拥有完整的知识结构，具备全面的教学技能和熟练运用现代教育技术的能力，这是新时代对教师及教育从业者的新要求。现代教育技术作为教师职业的专有技术与技能，对教师专业发展起着重要的作用。根据教育部2014年研究制定的《中小学教师信息技术应用能力标准（试行）》[②]要求，中小学教师要主动适应信息化社会的挑战，全面提升信息技术应用能力，促进信息技术与教育教学深度融合。

---

① 许燕频. 初等教育专业"一体化"实践教学体系的构建［J］. 韶关学院学报，2014，35（2）：109-112.
② 参见教育部办公厅关于印发《中小学教师信息技术应用能力标准（试行）》的通知。

一、信息化教学资源获取与开发

（一）教学资源获取

教师在备课及实施教学过程中，应充分利用丰富的信息化教学资源，这些资源一般蕴藏在浩瀚的网络资源环境中。掌握检索和提取信息化教学资源的技术与手段是信息时代教师必备的技能。常见的信息化教学资源检索工具见表2-1。

表2-1　常见的信息化教学资源检索工具

检索工具	说明
全文检索引擎	检索与用户查询条件相匹配的记录，如百度（Baidu）、网易（NetEasy）、谷歌（Google）等
目录搜索引擎	通过目录体系的引导查找到有关信息，如搜狐、新浪等
全文数据库	国内有中国知网数据库（CNKI）、万方数据库、中文科技期刊数据库等，国外有 EBSCO 数据库、ScienceDirect 数据库等
教育专题网站	国家教育资源公共服务平台、精品开放课程共享系统"爱课程"网、K12中国中小学教育教学网、中国微课网等

（二）教学资源开发

信息化教学资源的开发包括媒体素材处理与加工和教学资源设计与制作两大方面。

l.　媒体素材处理与加工

媒体素材的处理是教学准备过程中的重要环节，也是课件设计与制作的基础，一般涉及文本、数字图形图像、音频、视频、动画等多种媒体素材。

拓展阅读：音频素材处理举例（GoldWave）

文本素材的处理比较简单，师范生通常只需要掌握Word、WPS、Excel、PPT等文字处理软件的基本操作即可。

数字图形图像、音频资源、视频资源是常用媒体形式，在多媒体课件和教学网站中应用广泛。表2-2列出了常用的媒体类型、格式、常用加工处理软件，以及获取途径和方法。

表2-2　数字图形图像、音频资源、视频资源

媒体类型	格式	常用加工处理软件	获取途径和方法
图形图像	bmp、jpeg、gif、png、dxf、cdr 等	Adobe Photoshop、光影魔术手、CorelDRAW 等	通过网上下载、扫描仪、数码相机等方法进行采集
音频资源	mp3、wma、wav、midi、RealAudio 等	Adobe Audition、GoldWave、Audacity 等	手机或录音设备录制，购买素材库等
视频资源	avi、mov、mpg、wmv、asf、flv、rm 等	Adobe Premiere、会声会影、格式工厂 等	通过自己拍摄、网上下载等手段获取

动画是最为生动、形象的教学资源之一，深受教师和学生的喜爱。但制作动画资源需要进行专业的学习和训练，对于师范生来说有一定的难度。三维动画设计与制作的典型软件有3ds Max、3D Studio和Maya等，二维动画设计与制作的典型软件有Adobe Flash、Animator Studio等。

2. 教学资源设计与制作

常见的信息化教学资源除媒体素材外，还有多媒体课件与网络课程等。教学资源的设计与制作大体分为系统分析、设计、制作和测试等几个阶段。教学资源开发流程如图2-1所示。

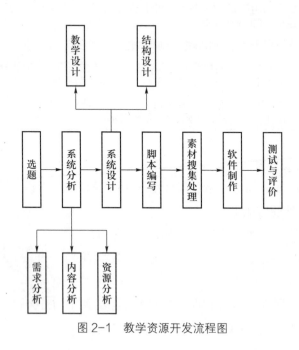

图 2-1　教学资源开发流程图

选择合适的开发工具进行教学课件制作也很重要。常用的教学资源设计与制作开发工具及特点如表2-3所示。

表 2-3　常用的教学资源设计与制作开发工具及特点

开发工具	特点
Powerpoint	演示文稿制作软件，能够制作出集文字、图形、图像、动画、声音等元素于一体的演示文稿
Adobe Flash	平面动画制作软件，包含绘图和编辑图形、补间动画和遮罩三大基本功能。制作出来的影片占用存储空间较小
Dreamweaver	基于图标（Icon）和流线（Line）的多媒体创作工具，具有丰富的交互方式及大量的系统变量的函数、跨平台的体系结构、高效的多媒体集成环境和标准的应用程序接口等，具有强大的创作能力、简便的用户界面及良好的可扩展性

续表

开发工具	特点
几何画板	适用于数学、平面几何、物理的矢量分析、作图，是一种辅助进行函数作图的动态几何工具。操作简单，界面简洁，可以精确度量长度和角度等，而且在演示过程中可以实时调节图像
StreamAuthor	能轻松整合影片、声音、图片、HTML、Powerpoint、Word、Excel、Flash 等多媒体素材

二、新型教学媒体及技术的应用

新型教学媒体及其技术是开展信息化教学的基本条件。作为最核心的教学环境，教室正日益从多媒体阶段、网络化阶段进入智慧化阶段、智能化阶段。

（一）新型教学媒体简介

1. 智慧黑板

智慧黑板通过触控实现传统教学黑板和智能电子黑板之间的无缝切换，将传统教学黑板变为可感知的实时互动黑板，实现了互动教学的创新突破。

智慧黑板集互动式教学、数字化演示、多媒体演讲、触控式操作、手写式输入等功能于一体，教师可使用手指或触控笔在智慧黑板触摸显示屏上操作控制，可在PPT演示文稿、Word文稿、Excel表格上进行标注或批注，还可以实现显示屏上已打开文件页面的放大或缩小。

2. 触控一体机

触控一体机集PC（个人计算机）、投影系统、幕布、显示系统、音响、多点触控于一体，操作简便，界面友好。触控一体机的主要功能有：电视功能，支持分辨率为1 920×1 080、32位真彩色全高清显示；计算机功能，可以连接网络；触控功能，手指和一体机触控笔尖均可控制所有应用程序，轻松实现手写文字、绘图、加注释等；会议功能，无须投影仪等设备，即插即用，可做会议演讲、远程视频会议；白板功能，可以随意书写，删除或保存书写内容等。

除此之外，交互式电子白板、电子书包、数码投影机等都是很重要的新型教学媒体。

（二）新型教学媒体技术的应用

随着网络和信息技术的发展，新型媒体技术不断被应用于教育领域。网络化、智能化、虚拟化已经成为现代教育技术的发展趋势，在未来教学中有着十分重要的地位。

1. 手机投屏技术

手机投屏其实是一项看似作用很小，但十分有用的功能，它可以将手机里面的内容投屏到电视机、一体机、电脑上使用，极大地提高观看者的视觉体验。手机投屏技术的应用方法主要有两种，一种是通过手机自身功能投屏，另一种是通过第三方软件投屏。手机可以通过无线或有线实现与显示设备的连接，无线连接的优势是比较方

拓展阅读：手机
投屏技术应用

便，有线连接的特点则是比较稳定。手机自身功能投屏方法是在保证手机和显示器在同一Wi-Fi条件下，只需要打开手机的投屏功能（屏幕镜像、无线投屏等），然后选择合适的设备即可连接完成投屏。通过第三方软件投屏即可以选择使用一些软件来实现投屏功能。

2. 微课录制

常用的微课录制方式主要有以下两种：

（1）外部视频工具拍摄（摄像机+黑板或电子白板）

工具与软件：摄像机、黑板（电子白板）、粉笔、其他教学演示工具。采用的方法是对教学过程进行同步摄像，再进行后期编辑。

（2）屏幕录制（屏幕录制软件+PPT）

工具与软件：电脑、耳麦（附带话筒）、EV录屏软件或视频录像软件Camtasia Studio等、PPT演示文稿。采用的方法是对PPT演示进行屏幕录制，辅以录音和字幕。

除此之外，还可以利用手写板、视频展台等设备输入、展示相关教学信息，补充无法在电脑程序中直接录制的课程，比如绘画、手工、书法、实验等需要实物展示及演示的课程。

3. 直播平台

在当下的在线教育中，网上直播教学具有许多独特的优势，因打破地域限制、实时互动、移动学习等特点而深受学习者欢迎。常见的教学直播平台有：腾讯课堂、超星学习通、钉钉、雨课堂等。

4. 虚拟仿真实验室

虚拟仿真实验室是虚拟现实技术应用研究的重要载体，具有虚拟真实场景、移动学习、实时交互、低成本等优点，让"网上做实验"和"虚拟做真实验"成为现实。许多大学都逐步建立了虚拟仿真实验中心（实验室）供学生进行学习。

第三章 实习物质准备

　　教育实习通常分为短期实习和长期实习两种。短期实习一般安排6周左右；长期实习一般安排一个完整学期，通常又称为顶岗实习。在进入实习学校前，师范生应在指导教师的指导下做好充分的物质准备。实习物质准备主要包括书面材料准备和实习用品准备。

第一节　书面材料

在实习出发前，实习生需要准备的书面材料主要有个人实习计划、个人情况简介、对实习的期望、第一次与班上学生见面时的自我介绍演讲稿及班主任"就职"演说（稿）等。

一、个人实习计划

任何工作，没有科学、全面、切实的计划是做不好的。正所谓"凡事预则立，不预则废"（《礼记·中庸》），想要在实习期间取得实效，圆满完成任务，实习生就必须事先制订好实习计划。

如果实习生对未来职业生涯的规划是以教师职业作为重要目标的，立志肩负起教师使命，经过了严格的专业学习，那么，实习计划的写作就水到渠成了。也就是说，实习生此时已经比较清楚：通过实习需要学习什么、锻炼什么、弥补什么、强化什么，在实习结束时师德、师能要达到怎样的水平。把这些形成文字、写成文章，就是计划。

实习计划应该写清楚以下几个方面的内容。

（一）明确指导思想

明确为什么要制订该计划，打算通过实习达到什么样的目的。如果指导思想不明确，那么实习的成效将大打折扣。

（二）既突出重点，又兼顾其他

教育实习的根本目的是要全面提高师范生的教育智慧和教育技能。但是具体到每一位师范生来说，每个人在禀赋和习得等诸方面都不可避免地存在个体差异。因此，实习生应该计划好在实习期间进行重点突破和提升的方面，同时还要注重全面锻炼和提高。与此同时，实习生应该在个人实习计划中考虑到学校所规定的实习内容。这些内容主要包括：

（1）教学工作。包括制订教学工作计划、备课、上课、听课、评课、课后辅导、批改作业等。

（2）班队工作。包括制订班队工作计划、班队活动、学生思想工作、学生心理辅导、家访等。

（3）教育调查与研究。结合实习学校的实际情况、实习生所学专业及个人专长开展教育调查和教育研究。

（4）教育教学交流。围绕基础教育课程改革的热点、难点问题，与实习学校教师开展形式多样的教育教学交流活动，相互促进，共同提高。

（三）措施切实具体

完成实习任务，收获理论与实践相结合的果实，就是毛泽东比喻的"过河"；具体的措施，就是毛泽东比喻的"桥和船"。没有"桥和船"，"过河"就是一句空话。也就是说，没有切实具体的教育教学措施，实习的效果也就无法保证。这些具体措施，要将学校的实习工作要求和个人计划结合起来，进入实习学校正式开始实习之前，还需根据实习学校领导和实习指导教师的安排对计划进行适当调整。

（四）附件

附件包括：教育实习生纪律、教育实习安全守则、优秀实习生推荐表、教育实习鉴定表、教育实习汇报课安排表、教育实习手册等。

拓展阅读：教育实习生纪律等材料（共6份）

二、个人情况简介

实习生撰写个人情况简介（表3-1），是为了使实习学校的领导和指导教师更好更快地了解自己的基本情况，以便使后续的实习指导更加具有针对性。

表3-1　个人情况简介

实习方向				个人照片
所学专业				
姓　　名		性　　别		
出生年月		籍　　贯		
政治面貌		身　　高		
联系电话		电子邮箱		
ＱＱ号		微信号		
教育经历与知识结构（所学课程）：				
爱好与职业技能：				
任职及社会活动：				
获奖情况：				
个人评价：				

三、对实习的期望

实习生通过撰写对教育实习各个方面的期望（表3-2，其中实习队友备忘录见表3-3），可以便于学校有关部门的领导、实习带队教师、实习学校领导和指导教师了解实习生的愿望，进而根据这些愿望实施安排和指导，实现实习生与实习管理者、指导者之间的良性互动。

表 3-2　对教育实习的期望

姓　名		性　别		籍　贯	
出生年月		政治面貌		身　高	
联系电话		电子邮箱		QQ/ 微信号	
所在班级					

对学校实习管理方面的期望：

_____

对校内实习带队教师的期望：

_____

对实习队友的期望（可以列一张实习队友备忘录表格）：

_____

对实习学校实习条件和实习环境的期望：

_____

对实习学校领导的期望：

_____

对实习指导教师的期望：

_____

对实习学校学生的期望：

_____

对心目中的优质课的期望：

_____

表 3-3　实习队友备忘录

实习队名称					群二维码				
姓　名	性　别	专业班级	家庭住址	联系电话	QQ 号码	微信号 / 码	实习学校	实习年级	实习科目

四、自我介绍演讲

当实习生第一次登上小学讲台与学生见面时，一次自信的自我介绍演讲十分重要，它关系到实习生给小学生的第一印象。通常来说，第一印象会在很大程度上影响今后小学生对实习生的态度。一份新颖、精彩的自我介绍演讲稿，可以助实习生一臂之力，使实习生与小学生之间建立亦师亦友、既亲切又严肃的师生关系。实习生既可以用威而不怒的严肃态度"镇"住学生，又可以用广博深厚的学养"降"住学生，还可以通过风趣幽默的语言"抓"住学生。

案例 3-1

自我介绍演讲稿

湖南第一师范学院实习生　曹向荣

亲爱的同学们：

大家好！

很高兴认识你们。我叫曹向荣[①]。今天我特别高兴，也特别忐忑，因为从这一刻开始，我即将成为一名老师，并拥有人生的第一批学生。于我而言，你们是多么弥足珍贵的"礼物"啊。感谢你们眼神中信任的目光，更感谢你们脸上绽放的笑容。

我喜欢阅读，喜欢唐诗宋词，喜欢在《三国演义》《水浒传》中"谈古论今"。我也爱唱歌、打羽毛球，希望有机会和我们班的小球手、唱歌小达人一起切磋技艺，互相学习。

在课堂里，我是你们的老师；在生活中，我们都是朋友，不管是在生活上，还是在学习上，或是遇到困难，或是分享快乐，我都期待能成为你们身边最值得信任的那个人。让我们手拉手，心连心一起向前走。

最后，感谢我们今天的相遇，希望我们共同走过一段美好的时光，成为彼此生命里最美好的回忆！

五、班主任"就职"演说

班主任"就职"演说的主要内容包括自我介绍（学习情况、工作经历等）、个性展示（兴趣爱好、人生观和价值观、教育理想等）、班级建设构想（对班级的定位、班级目标、本学期教育教学的设想等）。

案例 3-2

班主任"就职"演说稿[②]

湖南第一师范学院实习生　蒋康正

今天，站在讲台上的我，已经不再是你们的实习老师了，而是真真切切地和你们融为一体，成为你们的班主任了。但是，我更希望自己是一名合格的"导演"，

---

① 若名字有特殊含义，可以简单介绍，如曹向荣可以介绍为"有一种感觉，叫如沐春风；有一种生长，叫欣欣向荣"。
② 选用时有改动。

渴望"导演"出充满时代气息的戏剧来，团结、紧张、严肃、活泼是它的风格；真诚、友爱、开拓、创新是它的旋律。作为"导演"，我将精心设计出生动的情节、典型的角色、迷人的故事，奉献给今天在座的每一位。我期待你们在班级大舞台上尽情地展示自己的才华。

这个舞台是你们的，你们是最美的主角，我心甘情愿地做一名配角，尽我的能力竭诚为你们服务、效劳。在你们成功的演出中，我只想默默地分享一点成功的快乐。

不仅如此，我还要做一名最虔诚的观众，为你们精彩的演出鼓掌、欢呼，我愿意握住每一个人的手，诚心诚意地道一句：祝贺你的成功！

从我刚才的发言中，大家或许已经知道我的工作设想了，那就是——你是主角，在遵守规则的前提下，怎么演全凭你个人的发挥。

作为班干部，为同学们服务是责任，为班级排忧解难也是担当，更是成长的必经之路。尽管工作是辛苦的，但为同学们服务是快乐的。所有老师和同学都会为你们的辛苦付出表示感谢！

作为班集体的一员，遵守学校纪律，努力学习，奉献爱心，为集体增光添彩，是我们班每个同学努力的方向。老师相信你们会越来越优秀。我们都知道，五（1）班是我们自己的家，爱她、维护她是我们共同的责任。我们每个人都应该为自己是五（1）班的一员感到骄傲！

在今后的日子里，我会用我的眼睛去观察，我会用我的耳朵去倾听，我会用我的心去感受。我会努力成为你们知心的朋友、学习的导师、生活的向导、成长的引路人！

让我们一起努力，为自己喝彩，大声说出我们心中的主旋律：真诚、友爱、开拓、创新！

第二节 实习用品

顶岗实习，通常安排一个完整学期，要么历经春夏，要么历经秋冬，气候及气温的变化要求实习生备足被褥、蚊帐等卧具和合适的衣物，生活日用品也要尽量备齐，减少重复购置。一些教学用书、工具书也应随身携带，因为有的实习学校可能无法满足实习生的这方面需求。

一、学习用品

（1）电子用品：便携电脑，U盘、充电器、数据线等；

（2）文具：笔、笔记本、计算器、草稿纸、尺子、橡皮擦等；

（3）书：教材、教师用书、课程标准、教案、专业书、工具书等；

（4）教学记录：教案本、听评课本、实习周记册等；

（5）文印资料：调查问卷、活动方案等。

拓展阅读：实习
常用物品清单

二、生活用品

换洗衣物、床上用品、洗漱用品、就餐用品等。

见习篇

第四章　课堂教学见习

课堂教学见习是师范教育课程的重要组成部分,是师范生走上讲台的必经阶段,也是师范生接触小学课堂、获得教育教学实践知识和经验的宝贵机会。因为课堂教学是学校教学工作的基本形式,是学生获取知识的主要渠道,是实现素质教育的主要阵地,所以通过课堂教学见习,师范生可以增强对小学课堂的感性认识,熟悉教育教学工作的内容,明确专业知识和教学技能学习的任务和目标,为以后的教育实习和正式入职打下良好的基础。

第一节 了解见习学校学期工作计划

学校学期工作计划，是指学校对每个学期将要进行的主要工作所作出的预先安排或计划，具有各个学校自身的特性。作为一名见习生，有必要在正式开始见习之前了解见习学校本学期的工作计划。学期工作计划包含指导思想、工作目标、工作内容及措施、各月活动安排等，其中核心部分为工作内容及措施。

需要特别提醒的是，由于学校学期工作计划是根据学校自身的实际情况所制订的，因此，无论是组成部分还是工作内容方面都有可能具有个性，也许没有包括以上所罗列的内容，也许比上述内容更丰富。见习生应将所了解的实际情况填写在"见习学校学期工作计划记录表"中，如表4-1所示。

表4-1 见习学校学期工作计划记录表

指导思想	
工作目标	
工作内容	
措施	
各月活动安排	
我为学校献策（如果你对学校本学期工作有什么好的建议，可提出来与大家交流）	

第二节 熟悉学期学科教学计划

作为一名见习任课教师，见习生需要对本学期所授课程作一个较为具体的整体规划，即学科教学计划。学期学科教学计划是实现学科教学总目标的阶段性规划，是完成教学任务、实现教学目标的重要手段，也是保证教学工作有条不紊、富有成效地开展的重要组成部分。所以，见习生应该熟悉见习学校指导教师制订的学期学科教学计划。

一、学生学习情况分析

学生学习情况主要涉及学生人数、学习兴趣、学习态度、学习习惯、过往学习成绩、学优生和潜能生情况等。见习生可通过向原任课教师和原班主任询问，并辅之以自身及同伴的观察来了解班级学生的学习情况。在见习时，见习生尤其要了解将任教课程的学生学习情况，必要时可进行相关学科的摸底测试。

二、本学期教学目标

见习生应该在研读任教学科的课程标准和重点研究教材的基础上，弄清本册教材在整个教材体系中的地位和作用，并结合学生的实际情况，确定全学年教学的总目标和要求，提出本学期教学工作的努力方向。

特别需要提醒的是，教材的阅读不应仅局限在任教的某一年级，而应通读任教学科各个年级的教材，至少应阅读上下相邻年级的教材，以便更好地掌握知识之间的内在联系。

三、教材基本内容分析

教材分析指对整册教材进行简明扼要的分析。通过通读整册教材和教师教学用书，见习生应该掌握教材的以下信息：

（1）教材的编写意图是什么？

（2）教材的知识体系是如何构成的？教材各个单元之间有何联系？

（3）教材的教学内容有哪些？它们在教材中的地位与作用如何？

（4）教学内容的重点、难点有哪些？

四、主要工作措施

措施是完成任务的保证。没有措施，目标和任务设计得再好，也难以落实和实现。因此，工作措施一定要具体、可行。学期学科教学计划中的主要工作措施一般应包括：教育教学理论的学习；课程的主要类型和拟采取的教学方法、教学形式；帮助学生突破难点、掌握重点所要采取的教学手段；现代教育技术手段的发挥和教具的选用；教学方法的反思与改进；作业布置、批改以及潜能生辅导等。

五、尝试运用表格形式制订全学期教学进度计划

见习生应该根据校历，把一个学期的教学时间做一个总体安排，确定好教学课时数和复习考试时数以及各个单元的教学进度，编排教学进度表。教学进度表应包含周次、课时数、教学内容安排、作业及其他、备注等栏目（表4-2）。

通常来说，制订学期学科教学计划可以主要分为以下几个步骤：

（1）向指导教师请教，确定本学期学科教学工作内容。

（2）研读所任教学科的课程标准。

（3）钻研任教学科的教材，最好能够通读任教学科各年级的教材，至少要通读上下相邻年级的教材。

案例阅读：二年级下册语文教学计划

（4）通过观察、询问、查阅档案等方式了解任教班级学生的学习状况。

需要注意的是，计划的内容要简明扼要，条理清晰。计划应便于实施，方便操作。

表 4-2　学期教学计划

科目		班级		任课教师	
所用教材				出版社	
学生学习情况分析					
本学期教学目标					
教材基本内容分析					
主要工作措施					

周次	课时数	教学内容安排	作业及其他	备注

第三节　课堂教学观摩与记录

　　课堂是一个具备多种功能、完成多重任务的复杂综合体。教师是课堂的组织者和主导者。教师的课堂教学和课堂管理水平的高低，不但直接影响学生学业成绩的高低[1]，还影响学生的心理健康和全面发展与否。"他山之石，可以攻玉"（《诗经·小雅·鹤鸣》），观摩和学习指导教师的课堂教学是见习生最快也是最有效的熟悉小学课堂教学和课堂管理的途径。因此，见习生应带着明确的目标和任务观摩指导教师的课堂教学。

一、课堂教学观摩

　　观摩课堂教学要分三步走：观摩前—观摩中—观摩后。观摩的具体工作可参考表4-3。

表 4-3　观摩课堂教学的具体工作

阶段	具体工作
观摩前	熟读教材； 认真地研读指导教师教案，包括教学目标、教学流程、教学重难点和教学准备； 与指导教师交流课堂教学设计的思路
观摩中	关注指导教师课堂教学环节及整体教学程序，做好记录； 既关注指导教师的活动，也关注学生的参与程度； 在观摩中思考，遇到疑问处做好标记

---

[1] 黄慧静，辛涛. 教师课堂教学行为对学生学业成绩的影响：一个跨文化研究 [J]. 心理发展与教育，2007，23（4）：57-62.

续表

阶段	具体工作
观摩后	填写指导教师课堂教学结构记录表； 与学生交流课堂参与度和学生自身的发展； 与同伴交流观摩的心得和体会； 与指导教师交流课堂教学设计与实施的效果； 向指导教师请教课堂教学观摩中的疑问； 做好集中评课记录，反思课堂教学

（一）了解教师的课堂教学结构

见习生在熟读教材、认真地研读教师教案、与教师交流课堂教学设计的思路之后，就可以进入指导教师的课堂进行观摩了。其中，对教师课堂教学结构的了解至关重要（表4-4）。课堂教学结构，是指在一定的教育思想、教学理论和学习理论指导下，在某种环境中展开的教学活动进程的稳定结构形式。[①]它体现了教师的课堂教学步骤及其先后顺序。其中，一个教学步骤可以称作一个教学环节，完整的教学步骤能够反映出教师课堂的教学思路。一堂优质的课应表现为教学环节清晰流畅、环环相扣，教学思路符合教学内容的逻辑联系，并能够呈现出整体性、系统性。

表4-4　课堂教学结构记录表（含样例）

教学环节名称	教师主要活动	学生主要活动	教学组织方式	时间分配（分钟）
导入	讲授、提问	讨论、应答		8
新授	讲授、演示、播放视频	听课、观看演示、观看视频	班级授课	15
巩固	提问、指导	应答、讨论		12
小结	评价、指导	听课、评价		5

（二）了解教师的课堂教学评价方式

课堂教学评价是指对课堂教学活动做价值判断的过程，包括对教师教的评价和对学生学的评价。[②]对教师教的评价，是促进教师专业发展和提高课堂教学质量的重要手段。对学生学的评价，是促进学生良好学习行为养成，预防和处理课堂中问题行为的重要手段。这里主要讲从教师对学生的课堂表现方面来观摩和了解。教师对学生课堂表现的评价，主要分为四类：口头语言类评价、书面语言类评价、肢体语言类评价和物质类评价（表4-5）。

① 李洪芹. 在小学英语课堂中创建新型教学结构之我见 [J]. 读写算：教育教学研究，2013（36）：325.
② 许娜，高巍，郭庆. 新课改20年课堂教学评价研究的逻辑演进 [J]. 教育研究与实验，2020（6）：49-55.

表4-5 教师课堂教学评价方式记录表

评价类别	评价情况	我的看法
口头语言类评价		
书面语言类评价		
肢体语言类评价（如动作、姿势、表情等）		
物质类评价		

（三）了解学生的发展情况

课堂教学应以学生的发展为本，注重引导学生参与学习过程，充分发挥学生的潜能，让学生在课堂学习中获得发展。在观摩课堂时，见习生务必关注每个教学环节中学生的参与度，并在课后对学生的知识与技能、过程与方法、情感态度与价值观等几个维度的发展情况进行访谈调查并记录，据此评价课堂教学目标的达成情况，即学生的发展情况（表4-6）。

表4-6 学生发展情况记录表

维度	课前水平	课后发展
知识与技能		
过程与方法		
情感态度与价值观		

（四）做好评课记录

评课是听课教师对一堂课的教学理念、教学设计、教学过程、学生学习状况等方面所进行的全面的分析与评价。[1]听课后集中评课是小学教学研究活动开展的常见形式之一，对提高教师的教学水平有重要的作用。在见习期间，见习生应主动参加指导教师或见习带队教师开展的集中评课活动并加以记录（表4-7）。

表4-7 评课记录表

任课教师			上课班级	
听课时间		地　点		主持人
教学内容				科　目
参加人员				

评课过程：（参加人员评课观点记录）

指导教师评课小结：

---

① 林红霞. 构建"如果我来上"的评课模式［J］. 基础教育参考，2014（7）：42-44.

二、课堂规则与管理观摩

课堂管理的内容丰富，不仅涉及课堂的所有方面，而且贯穿课堂活动的始终，它是影响课堂学习活动效率、质量和学生发展的非常重要的因素，也是课堂学习活动赖以推进的前提条件。[①]然而，见习生或新教师的课堂往往会出现秩序混乱的现象，尤其是在分组实验或分组讨论时，这种秩序混乱的情况尤为严重。然而，问题的关键通常不是学生太调皮了，而是学生不知道应该遵守怎样的课堂规则，或者是学生不知道应该怎样做才是合适的。可见，合理的课堂规则是有效进行课堂管理的重要前提。

（一）课堂规则观摩

见习生通过观摩指导教师的课堂能够发现，一套合理的、行之有效的课堂规则，将会建立一个有序的课堂，为每个学生提供良好的、不受干扰的听课和学习环境。一位经验丰富的教师，在学期开始都会花费一定的时间来制订课堂规则，并向学生公布课堂行为规范或在校行为规范，如课前准备要求、考勤要求、课堂活动要求、课后要求、作业要求或者更正作业要求等。此外，一些小学还会结合自己特色的校园文化和教育理念，形成特色课堂规则（表4-8）。

表4-8　小学课堂规则记录表

项目	具体规则
课前准备	
课中（包括坐姿、举手、讨论、文具、走动、迟到等）	
课后	
特色课堂规则	

当然，合理的课堂规则只是达成有效课堂管理的一种手段。制订规则也不是为了抓住学生的错误，对学生进行惩戒，而是为学生对照、规范自己的行为提供参照或指导。因此，见习生在观摩课堂时，还应进一步了解并思考有关制订课堂规则的一些问题：

（1）课堂规则是不是越多越好？

（2）正面要求学生是不是更有效？是不是告诉学生希望他们不做什么比希望他们做什么更高效？

（3）跟学生讨论课堂规则是必要的吗？

（4）是不是要花费时间专门进行课堂规则的学习？

---

① 张社争，王鸿伟. 从外延式到内涵式：新时代课堂管理的思路转变［J］. 教育理论与实践，2020，40（17）：11-14.

（5）是不是学生学习了课堂规则后就会牢记于心？

（6）课堂规则一旦执行是不是不能调整？

（二）课堂管理观摩

课堂的管理者为承担教学工作的各科教师，主要以班级成员、课堂教学的时间和空间及与课堂相关的设施、资源等因素为管理对象。课堂管理旨在营造积极的课堂氛围，保持良好的课堂秩序，提高课堂活动效率，激励学生更多地参与课堂，培养学生的自觉和自律。课堂管理主要包括：课堂环境管理、课堂行为管理、课堂教学管理、课堂时间管理。在观摩指导教师的课堂管理时，见习生应该从这四个方面记录并思考有效的课堂管理策略（表4-9）。

表4-9 课堂管理观摩记录表

内容	具体策略	我的看法
课堂环境管理 （包括课堂物质环境管理和课堂心理环境营造两个方面。重点关注指导教师在创造良好课堂学习氛围、建立良好师生关系、促进良好同学关系建立等方面的课堂心理环境营造）		
课堂行为管理 （包括课堂常规行为管理和课堂问题行为管理两个方面。重点关注指导教师如何运用管理手段来促进学生的积极行为，以及如何正确对待和及时合理地解决课堂中的冲突和问题行为）		
课堂教学管理 （包括关注指导教师如何在现场教学中让教学活动本身的速度、节奏、环节衔接及调动学生的注意力等）		
课堂时间管理 （包括关注指导教师对最佳教学时间的利用、课堂教学时间分布、课堂教学节奏把握、课堂时间控制等）		

第四节 掌握学科教学常规

教学常规，是指在正常情况下相对稳定的教学准则和行为规范。[1]教学常规既具有共性，也具有个性，往往因学科不同、班级不同、任课教师不同而有差异。作为一名见习生，有必要掌握多个学科的教学常规。掌握学科教学常规的主要途径有：较长时间地观摩指导教师的教学并记录、与同班级或同学科的见习生集体交流

---

[1] 丁静. 新课程背景下对教学常规的反思［J］. 全球教育展望，2005，34（7）：45-48.

与讨论、向指导教师请教各项学科教学常规的缘由和做法。

学科教学常规的基本内容一般包括教学准备、课堂教学与课后教学反思、作业布置与批改及潜能生辅导等。

一、熟悉学科教学准备

案例阅读："红绿灯"教学设计及教学视频

在进行教学之前，教师需要进行必要的准备，包括课前准备和备课准备。只有事先做足了功夫，才能做到有条不紊、游刃有余，自信地开展教学活动。

当前，信息技术应用能力是衡量教师专业素养的关键指标之一。教师应秉持信息技术与学科教学深度融合的理念，立足学生的视角思考信息化教学设计，推进信息技术的校本特色应用，力求使学生在课堂上由原来的"听、看"拓展为"听、看、做、想、说"，增强学生的课堂参与度，帮助学生获取更多的有效信息。

观摩教师的学科教学准备见表4-10。

表4-10　学科教学准备的内容及要求记录表

阶段	项目	内容及要求
课前准备	教具选择与制作	
	信息化教学设备、设施的熟悉	
	信息化教学课件的制作	
	其他	
备课准备	备课方式	
	参考资料的选择与来源	
	备课思路	
	校本特色的体现	

二、熟悉课堂教学过程

在小学课堂观摩听课时，除了整体把握观摩和学习指导教师课堂教学全过程外，见习生还要带着一定的观察和研究的任务去深度分析课堂，从而发现小学课堂教学的规律；在撰写听课记录时，除了要记录课堂教学全过程外，还要按照教师讲授行为、提问行为、学生的课堂学习行为等指定维度开展重点记录和研讨。同时，见习生应积极参与课堂教学观摩的研讨和交流，提出自己感兴趣的观察和研究维度，促进自身对小学课堂教学的了解与认知。

见习生在进行教师讲授行为观察与研究时，要在简要记录教学全过程的基础上，重点观察和记录教师对讲授法的运用，如教师对教科书内容的处理和课程资源的补充、教学重点和难点的确定与突破、教师选择和组织教学语言的特点、板书呈现和其他媒体呈现特点等。

见习生在进行教师提问行为观察与研究时，重点观察和记录教师谈话法（问答法）的运用，如教师提问的时机、对象、次数，以及问题的类型、难度，教师候答和理答等方面的特点；根据观察记录，分析教师课堂提问行为的合理性和适宜性，进行深入探讨和总结。

见习生在进行学生课堂学习行为观察与研究时，重点观察和记录学生在课堂中的学习行为，如不同年龄学生的学习特点和习惯、学生课堂参与情况（如举手情况、学习活动参与的积极性等）、学生在课堂学习中产生的常见问题行为及其频率等，由此，探讨和总结学生在认知、学习习惯、课堂参与、课堂问题行为等方面呈现的特点与问题。

三、了解课后教学反思的撰写

教学反思，是指教师对教育教学实践的再认识、再思考，主要用来总结经验教训，进一步提高教育教学水平。[①]杜威（John Dewey）是第一个把教师视为反思性实践者的教育理论家。他认为，反思性行为是一种根据支持的理由及其所导致的结果，对任何信念和实践进行积极的、持续的和仔细的考虑的行为。反思起源于在直接经验情境中所产生的怀疑和困惑，反思不是能够被简单地包装起来供教师运用的程序或技术，而是面对问题和反映问题的主人翁方式。[②]

教学反思主要有以下几种形式：课后思，即一节课下来就总结思考，写好课后心得或教学日记，这对新教师非常重要；周后思或单元思，即一周课下来或一个单元讲完后进行反思，发现问题及时纠正；月后思，即对于自己一个月的教学活动进行梳理和反思；期中思，即通过期中考试，召开学生座谈会，听取意见，从而进行完整的整合思考；另外还有一个学期、一个学年或一届学生教学的宏观反思。

教学反思的书写主要包括以下几个方面的内容：成功之处、不足之处、教学机智、学生创新、教学再设计。

---

① 刘雪梅. 论教学反思的主要内容 [J]. 中学课程辅导：教师教育，2016（2）：12-13.
② 周琴，周敏. 基于反思性实践的师范生"教育见习、研习、实习一体化"实践模式的探讨 [J]. 教育现代化，2018，5（45）：266-268，271.

案例4-1

"身体的结构"（第一课时）教学反思[①]

湖南第一师范学院附属小学　张怡

"观察我们的身体"是教科版小学科学四年级上册第四单元第一课"身体的结构"的第一课时。当学生能够有目的地观察身边事物的时候，他们观察和研究的对象在逐渐增多，他们也能够自觉地把这些事物纳入自己的研究活动中去。本节课的教学内容主要由两个观察活动构成：一是认识身体外部的组成部分，二是感知身体的内部构造。身体外部的观察活动希望学生围绕"观察什么""怎么观察"展开思考。身体内部的观察活动由"人体的有些组成部分从外形上是看不到的，但是我们却可能听到、触摸到或者感觉到它们的存在"这句话引出。

1. 成功之处

在本节课的教学中，我充分运用了现代教育技术手段进行教学，在导入环节用多媒体课件展示两张图片，用"猜猜哪张图片是老师？"的游戏导入，引发学生对身体外形特征进行观察，进而引入课题——观察我们的身体。

学生通过参与活动，画出男生和女生的外部轮廓，发现男孩和女孩外部身体结构是大致相同的。我让学生们在活动中初步认识人体的结构。在这里我运用了授课助手软件将学生的作品展示到屏幕上。在初步了解了人的身体的外形结构后，我出示剪纸，拼贴在黑板上，学生发现拼图中的上肢长短不一、下肢粗细不一，从而引出身体左右对称的特点；然后通过一组图片让学生们感受到身体左右对称的和谐美感，再通过学生活动体验身体的不对称给人类活动带来的不便，最后通过一组残障人士的照片，告诉学生们要爱护生命、关心身边行动不便的人。学生在观察身体内部构成之后，通过小组讨论交流，填写好教材第64页的表格，初步了解身体内部的组成。在课堂最后，师生对本节课学习的内容进行总结，在轻松愉快的氛围中结束本节课。同时，学生们体会到作为一个健康人的幸福感。运用现代教育技术手段进行课堂教学大大提高了课堂教学效率，生动形象的图片、音频等资料大大提高了学生的学习兴趣。

2. 不足之处

在今天的课堂中，我仍觉得有以下几个方面做得不够好：

（1）学情分析不够到位。本节课是我支教期间在支教学校教的一节公开课，孩子们很少分组上科学课，对于这样的上课模式还不太习惯。

（2）课堂氛围不够热烈。孩子们不够自信，不太敢大声表达出自己的想法，我想这与教师的引导、调动有很大的关系。因此，在以后的教学中，我应充分考虑学情并及时调整自己的课堂教学方式。

[①] 此案例省去了"学生创新"内容。

（3）教学指导不够准确。在进行本节课的第四个活动"观察我们身体的内部组成"时，我在巡视指导的过程中发现很多孩子没有注意到"内部"二字，有一些在记录表上记录了"眼睛、鼻子"等部位，今后在指导语言和细节上应该更加准确、到位。

3. 教学机智

在上课的过程中坐在后排的一个小男孩有些多动，没有积极参与课堂活动。而本节课活动环节较多，我喊他到讲台上来参与活动。如在"活动四：神秘礼盒"游戏中，我给他机会让他猜礼物，他猜中了，得到了礼盒中的一个礼物，非常开心，在课堂上也表现得越来越积极了。

案例阅读："观察我们的身体"教学再设计

4. 教学再设计

略。

四、掌握作业布置、批改及潜能生辅导的要求

作业有课前预习作业、课堂练习作业、课后复习作业等形式。无论何种形式的作业，都是为了使学生消化和巩固所学的知识内容，熟练掌握技能和技巧，以及获得知识运用和独立思考的能力。在见习期间，见习生可以通过作业的布置、批改与潜能生辅导，了解学生学习的具体情况，从而及时补缺堵漏，改进自己的教学工作。见习生可利用表4-11至表4-13做好相应记录。

表4-11 作业布置及批改情况登记表

项目	有哪些要求	理由
作业布置（包括作业布置量、作业类型、作业难度、作业层次等）		
作业答题（包括答题态度、答题格式、用笔要求等）		
作业批改（包括批改时间、批改格式、评语写作等）		

表4-12 作业情况分析表之学生错误档案袋

作业日期	作业或任务要求	学生的典型错误示例	原因分析（指导教师的经验）	补救策略（指导教师的经验）

注：重点归纳学生的错误类型，建立学生的错误档案袋，并主动请教指导教师，共同分析学生的错误之所在，寻找补救策略，把指导教师的分析和辅导经验填写在该学生错误档案袋中。

表 4-13 潜能生辅导情况记录表

项目	内容	理由
辅导对象的确定		
辅导内容		
辅导方式及时间		
辅导效果		

需要注意的是，统计和分析作业情况应做到今日事、今日毕。见习生在完成作业批改后，应及时向指导教师汇报学生的作业情况。

五、概述学科教学常规的整体面貌

通过一段时间的课堂观摩、记录和学习，在深入了解一门学科的教学常规后，见习生就应该尝试用简洁的语言概述这门学科教学常规的整体面貌并记录（表4-14），以达到对这门学科教学常规的整体认识。

表 4-14 学科教学常规记录表

学科：　　　　年级：　　　　班级：　　　　　指导教师：

基本内容	常规要求
教学准备（包括课前准备、备课准备等）	
课堂教学与课后反思（包括教学中的反思和课后教学反思等）	
作业批改与潜能生辅导（包括作业布置、作业批改、潜能生辅导等）	
教学评价方式	
教研活动（包括教研室组织的活动和个体研究活动）	

第五章　班级管理见习

班级管理见习是师范生全面提升专业素养必不可少的实践性教学环节之一。通过亲身观察，师范生可以了解小学课堂教学中班级管理的现状，思考班级管理中存在的问题及相应的应对策略，积累班级管理经验，学会制订班主任工作计划。

第一节　了解班级基本情况

了解班级的基本情况，是每一位班主任的首要工作任务。尽快了解班级学生情况是班级管理成功的重要前提。在进入见习学校的第一周，见习班主任应该通过学生档案、学生、班主任和任课教师了解班级的基本情况；利用课余时间与学生谈话，了解学生的基本情况；也可以通过家访进一步比较客观地了解学生在家里的情况和学生家长对学校、教师的看法。

一、了解班级的方法

（1）调查法。见习班主任最好通过调查了解班级。调查的对象主要是学生，还可以是学生的家长、亲友、任课教师、原班主任以及其他有关人员。调查要有针对性，要做好调查记录，以便进行分析、比较和研究。

（2）书面材料分析法。见习班主任可以通过学生的书面材料了解学生的经历、现状及发展趋势等，如学生的成绩单、操行评语、学籍卡、体格检查表、班级日志，以及学生的作文、日记和作业等。

（3）观察法。这是了解和研究班级的基本方法。见习班主任要有目的、有计划地通过课堂教学、课外活动、班级活动和各种社会活动等，了解学生的心理与行为特点。

（4）谈话法。谈话法是见习班主任通过有目的地与学生谈话来了解和研究学生情况的方法。在谈话时，见习班主任的态度要亲切、和蔼、真诚，当然必要时应该是严肃的。

通过以上方法，见习班主任可以了解班级学生的特长和爱好，然后根据学生的特长、爱好和能力，初步确立班干部的人选及任务分工。

二、了解班级基本情况的内容

（一）班级的基本构成

班级的基本构成包括：班级总人数、男女生的人数和比例；学生姓名、来源及在校表现；学生的家庭地址；不同层次学生在班级中的结构和比例；学生家长的职业状态、文化程度、经济条件、家庭结构等。

一个经验丰富的班主任总是会记住每一个学生名字的。记住学生的名字是一种最单纯、最明显、最重要的促进学生认真学习和积极进取的好方法。记住了学生的名字，他们就会觉得见习班主任在乎他、重视他、关心他，学生就会对见习班主任产生信任感、亲切感，愿意接近见习班主任，与见习班主任交流。只有记住学生的名字，见习班主任在学生心中才有地位，学生也才会觉得自己在见习班主任心中有地位，才会尊重见习班主任的课堂，积极配合见习班主任的管理。在班级管理中，有针对性的表扬胜于泛泛的表扬，明确责任对象的批评和提醒，有时效果会更好。

记住学生的名字不仅需要见习班主任的责任心，更需要见习班主任的爱心。

（1）准备一份学生座次表，平时拿在手上，上课时放在讲台上；对着座次表，每天点一次名，就能够很快记住学生的姓名。

（2）建立学生个人信息档案，包含姓名、年龄、生日、家庭信息、个性特征等。如学生的生日到了，组织全班一起向他/她送上祝福，或者送一份小小纪念品，这样会让学生终生难忘。

（3）记住学生明显的性格、外形特征，记住学生近期的表现情况。

除此之外，记住学生名字的方法还有很多，如亲自收发作业本，找学生谈心谈话，组织或参加学生的集体活动，等等。

（二）班风状况与舆论倾向

班风状况与舆论倾向主要指班级是否形成良好的集体舆论，学生发现和报告好人好事的次数，学生发现和报告不良行为的次数，班级是否及时表扬好人好事、批评不良行为，等等。

（三）学生干部的基本情况

学生干部的基本情况包括个人基本情况和工作情况，如学习、特长、兴趣、能力、工作岗位、工作时间、工作任务等。

（四）班级中的正式群体和非正式群体情况

小学里的正式群体是经过学校、教师、学生共同认可的，为完成学校或班级赋予的任务而产生的。这些群体都有明确的权利与义务，有明确的职责分工，有的还有需要群体内成员共同遵守的规章制度，或者是严格的纪律要求，如小学中的少先队大队部，学校的代表队，班级的班委会、中队委、值日小组、学习小组、兴趣小组等都是正式的群体。

小学里的非正式群体则是指学生出于相同的兴趣、爱好，或相近的态度倾向而结成的带有鲜明情绪色彩关系的群体。这种群体往往是自发形成的。

学校管理者及班主任必须认识到，由于小学生的需要是多方面的，而在学校内的正式群体不可能包括一切关系、满足所有学生的需要，因此非正式群体的存在是正常现象。在学校里，小学生群体中存在着大量的非正式群体。

学校德育处、班主任在管理的过程中，应多观察学生的群体情况，用心了解是否形成了非正式群体，将所有了解的情况记录、整理出来，从而掌握班级中都有哪些非正式群体，它们对班级的影响如何，形成的原因是什么，领导者是谁，然后根据非正式群体的不同表现情况给予区别对待。具体而言，要鼓励、支持积极型的，努力争取无害型的，教育改造消极型的。

案例 5-1

一年级（4）班学生学习情况分析

湖南第一师范学院见习生　何英芳

1. 班级概况

一年级（4）班共有42名学生，其中男生20名，女生22名。天真，活泼，热情，好奇心足，敢于表现自己，对学习充满兴趣，是本班学生的突出特点。但是学生之间的差距较大，从识字、朗读、背诵、注意力、记忆、观察、计算等许多方面就能表现出来。

2. 学习中突出的优点

学习习惯：大部分学生能够做好课前准备，做到上课铃声响安静地坐正，能专心听讲，作业书写工整、漂亮。

学习能力：大部分学生识字能力强，能认识许多汉字，能利用象形、会意、形声等造字方法识记汉字，识字的效率高。有的学生能读好整本课文，朗读水平较高，记忆能力强，一篇课文阅读时间不长就能背诵。少数学生的口算能力也很强。

3. 学习中存在的问题

（1）注意力集中时间不长。一年级小学生的注意力不容易集中，且容易受到外界干扰。上课时常是教师在上面讲，学生在下面自己玩自己的，精心设计的课堂提问被少数学生"承包"，大多数学生成了课堂的陪衬。学生在一节课的前十分钟注意力比较集中，越往后注意力越分散，越容易脱离教师的教学。从家长反映的情况来看，一年级小学生在做作业时，往往边做边玩，不够专心，一般家长都是自己陪孩子一起做作业。

（2）认真倾听的习惯欠缺。在课堂上，教师问题一提出，学生个个举手，有举得高高的，有站起来的，有嗷嗷直叫的。而最终被请到回答问题的学生一脸高兴，急着发表自己的见解；未请到的则垂头丧气，而不是认真听取同伴的发言。在小组合作学习中，大部分学生喜欢发表自己的见解，不善于接受别人的意见。在完成作业时，往往在教师读了几遍题目后，仍然有小学生听不清楚题目的要求。

（3）语言表达的能力不足。在课堂上，常会出现这样一种现象，当教师提问时，所有的小学生都把手举得高高的。但是请到个别小学生回答的时候，他站起来后又不知道要说什么；有的孩子站起来后，支支吾吾，声音很轻；有的孩子表达的内容和题目的要求完全无关。

（4）作业习惯比较差。少数学生还没能掌握正确的书写姿势，做作业时头趴得很低，作业本斜放，握笔很低，大拇指压着食指，每次都需要教师反复提醒。个别小学生在做作业时随意涂改，页面不整洁，完成的作业达不到字迹匀称、端正、美观的要求。

（5）阅读兴趣不够。少数学生因为汉语拼音掌握得不够牢固，所以阅读兴趣不浓，喜欢看动画片，不能耐心地读完整本书，也没有阅读计划。这就导致这些学生对身边的环境、周围的世界了解甚少，语言表达能力不强。

（6）沉迷于手机和网络。智能手机让中小学生对网络产生依赖心理，在遇到问题时不进行足够的思考，就去搜索答案，这影响思维能力的发展。小学生自控能力差，过多地玩手机，就会影响学习，甚至会影响到人际交往，严重的可能会变成"手机控"，进而影响心理健康。

（7）本学期时间短、学习的内容多、生字多等因素，给识字教学带来了一定的困难，一些学生上课不够专心，所以"回生"现象十分严重。

案例 5-2

教育叙事
——我班的"非正式群体"（一）

湖南第一师范学院见习生 欧阳蓉

我带的四年级（1）班有"四大金刚"，其中一个是班干部，三个是课代表。有的同学反映，他们四个很团结，个个都很牛。谁给他们提意见，他们不仅听不进去，还挺凶的。我该怎么做？该如何对待班级中的"非正式群体"？

我的反思：非正式群体是学生在同伴交往过程中自发形成的，对学生的心理品质发展乃至日常学习、生活极具影响力，值得老师们注意。如果非正式群体的价值取向、目标、行为规范与班集体一致，就会对班集体的形成起到促进作用。但值得我们重视的是，非正式群体也有偏离集体、偏离正确舆论的时候，这时就要求我们教育者及时介入，适度引导，将其引入班集体的发展轨道。而对于对立（反抗）型的小群体成员，教师应当更多地关注、接近和亲近他们，发现其闪光点，及时强化，进行耐心细致的思想教育工作，切忌简单、粗暴。

对于各类非正式群体，我们应该做到以下几点：

（1）利用非正式群体成员间的感情基础，增进同学间友谊、增强班集体的凝聚力。

（2）利用非正式群体成员间畅通的信息渠道，了解学生的思想动态和对班级管理的一些意见和建议。

（3）培养、培训非正式群体的领导者，形成强而有力、管而有效的班干部集体。

案例阅读：六年级（1）班的班级基本情况分析

案例阅读：教育叙事——我班的"非正式群体"（二）

第二节　制订见习班主任工作计划

制订科学合理的班主任工作计划有利于将教育计划落实到班级，使培养目标具体化、阶段化，以保证学生的健康成长。班主任工作计划是班级日常管理顺利、有效开展的基础。以下阐述见习班主任工作计划的制订步骤及其基本结构和基本形式等。

一、制订见习班主任工作计划的步骤

见习班主任应依据上学期班主任的总结，全盘考虑，提出初步方案，然后广泛征求任课教师、家长、学生的意见，最后归纳集中，确定最佳方案。除此之外，见习班主任也可先广泛征求意见，在此基础上提出初步方案，再询问有关人员的意见和建议，修改并确定方案。

二、见习班主任工作计划的基本结构

见习班主任工作计划主要包含以下几个方面：

（1）班级基本情况分析，包括班级发展的水平和特征、班级学生的基本情况和特点、班级有利因素和不利因素、存在的主要问题等。

（2）工作目标，包括德、智、体、美、劳、心理健康等几个方面的目标。

（3）措施安排，包括主要教育活动、组织力量与分工、时间与步骤安排。如果是月计划、周计划、专题性临时工作计划（如六一国际儿童节活动计划），要注明开展教育活动的详细内容和准备工作、每项工作的负责人、具体日期等。

三、见习班主任工作计划的基本形式

见习班主任工作计划的基本形式主要有两种：文字式和表格式。

案例 5-3

二年级下学期见习班主任工作计划

一、指导思想

以学校德育的思路为指导，以班主任的中心工作为重心，结合学生的实际情况，通过开展富有儿童情趣的各种教育活动，培养学生良好的行为习惯和道德意识，增强学生的自我激励、自我教育、自我管理的能力，积极探索个性培养的途径。

二、班级现状分析

本班本学期共有学生40人，其中男生21人，女生19人。经过一段时间的接触，我对学生的特点以及各方面情况有较深的了解，绝大多数学生在遵规守纪方面的习

惯较好，但也存在一些不足。本班学生卫生习惯的养成还有待提高，大多数学生不敢大胆发言，班干部不敢大胆负责，他们的管理方法有待提高，所有这些都是本学期班级管理工作的重点。

三、主要工作及目标

1. 通过各种途径贯彻执行《中小学生守则（2015年修订）》《小学生日常行为规范（修订）》。

2. 对学生进行思想品德教育，端正学习态度，明确学习目的。提高学生的学习兴趣，使学生主动学习，提高学习成绩。

3. 抓好班级的纪律，重点做好"培优补差"工作。

4. 结合各种节日及利用班会，对学生进行爱国主义教育和尊敬父母的教育。

5. 加强安全教育，利用晨会、班队会、黑板报等形式，开展安全知识教育。在平时多深入了解学生，及时发现问题，消除隐患，确保学生安全。

6. 认真做好两操，开展有益、健康的课间活动。

7. 加强与家长的联系。学校的工作离不开家长的支持，只有取得了家长的信任，班主任的各项工作才能顺利开展。

四、具体工作措施

（一）常规教育方面

1. 充分利用班队会及晨会的时间学习《中小学生守则（2015年修订）》和《小学生日常行为规范（修订）》，并在日常学习的过程中让学生知道什么行为是对的，什么是不对的，使学生养成良好的学习和生活习惯。在班级设立"小小监督岗"，专门负责监督检查学生的日常行为，并及时进行一日总结。通过"小小监督岗"的汇报，评出"最佳拇指奖"。对表现不够好的学生，及时进行点拨、指导，加强教育。

2. 合理利用升旗仪式、重要节日，加强学生的德育教育。这学期利用清明节、五一国际劳动节、六一国际儿童节等重要节日举行一些有意义的主题班队会，使学生懂得做人的道理，培养其爱国主义精神。同时，让学生在各种活动和劳动中学会合作，学会生活。

3. 充分发挥各项活动中的教育阵地作用，增强学生的荣誉感，使学生心中有他人、有集体。

（二）班级纪律方面

1. 课堂纪律。首先师生共同制订班规班纪，并制订相应的奖惩办法。这样学生既感到有趣，又有动力，而且可以在不知不觉中遵守纪律。由于是孩子们自己制订的，这样变被动的各种要求为主动的行为，有助于他们将文字内化为行为。我们班的宗旨是"说到就要做到"。

2. 课间纪律。课间是学生轻松休息的时间，良好的课间纪律会给整个校园带来活跃而轻松的气氛。丰富多彩的课间活动，就是解决课间纪律乱的法宝，使学生既健体又受教育，还能增进师生之间的感情，扩大交流的空间。同时，要随时提醒学生要注意避免危险活动，不去危险场地，做到寓教于乐。

（三）卫生方面

1. 个人卫生。要求衣着整洁，做好"三勤"，即桌箱勤清、物品勤摆、两操勤做。

2. 班级卫生。每天早、中、晚分派值日生清扫，设立卫生监督岗，进行检查与监督。对于主动、及时打扫卫生的学生或小组，进行奖励。同时利用花草美化环境，并进行爱护环境和花草的教育。

（四）其他方面

在班级继续开展各种评比活动，如文明小标兵、小书法家、小发明家、小诗人、数学小博士和爱书人等各种评比活动。在这些活动中，大力推出新人、新作，让每个孩子都敢于面对大家展示自我，充分锻炼自己，提高学生的自信心。另外，充分利用班级板报中的德育阵地，加强管理。

（五）具体活动安排

二月：开展新学期学生安全教育、一日常规教育，加强就餐就寝常规教育；组织班级各小队开展"我的一次志愿者经历""我为祖国点赞"主题朗诵、演讲比赛等主题教育活动。抓好课堂纪律，保证课堂教学正常、顺利进行，提高课堂教学质量。加强学生思想教育，组织学生学习学校的规范条例。

三月：开展"我为读书点赞"主题活动，积极配合德育处组织学生开展"赏长沙弹词，传湖湘文化"国家非物质文化遗产进校园进班级活动。发扬雷锋精神，宣传雷锋思想，培养学生乐于助人的意识。在抓好课堂纪律的同时，加强课间纪律的教育。教育学生爱祖国、爱人民、爱劳动，特别是保护自然环境。培养学生团结友爱精神。

四月：组织"我们的传统节日之清明节"活动，开展第24个"全国中小学生安全教育日"、春季课外"阳光体育月活动"主题教育活动。指导学生在各种交际活动中学会倾听、表达与交流，初步学会文明地进行人际沟通和社会交往，发展合作精神。组织学生进一步学习学校的规范条例和《中小学生守则（2015年修订）》等，教育学生爱护公物，遵守公共秩序。在校园和公共场所不追逐打闹，不损害校园和公共场所的花草树木。组织学生进行综合实践活动，搞好校园文化月。

五月：组织学生庆祝五一国际劳动节活动，完善第十五届校园艺术节活动方案，组织学生彩排艺术节开闭幕式、开展班级宣传教育第32个"世界无烟日"主题教育活动。指导学生在日常生活中正确对待自己和他人，学习别人的长处，弥补自己的不足。对学生加强安全知识教育，强化学校的常规教育。加强课堂纪律。组织写字比赛。

六月：组织学生开展庆祝六一国际儿童节参观活动、参加第十五届校园艺术节会演活动。在学习新内容的同时，引导学生抓好知识复习巩固。教育学生要诚实和做事认真负责，并加强品德和行为习惯教育。

七月：开展"垃圾分类，从我做起"主题教育活动。做好潜能生的辅导和德育工作及学生放假前的安全卫生教育。总结执行学校规范的好人好事。

××××大学附属小学二年级（甲）班

××××年××月

案例阅读：五年级上学期见习班主任工作计划

案例阅读：庆祝六一国际儿童节暨发展新队员主题大队会

实习篇

第六章　　学科教学实习

　　教学是一门艺术，教学的艺术性体现在能够让有限的教学资源在有限的时间内最大限度地发挥出教育功能。[①] 想要使教育教学取得好的效果，懂得艺术处理教学内容和设计合理的教学方案是非常重要的。实习生在撰写好教学设计和教案后，必须反复试讲，才能正式授课。上课是教学工作的中心环节，再好的教案，也需要通过上课才能体现它的价值；多次的试讲也是为了最终正式登台授课。而实习生要了解自己的课到底上得如何，除了自我反思外，还要向别人学习，通过听课来进一步了解和认识课堂教学。在听课活动结束之后，要通过评课对课堂教学的成败得失及其原因作出切实中肯的分析和评价，并尝试从教育理论的高度对一些现象作出正确的解释，这是提高授课教师和听课、评课教师教学水平，优化课堂教学的重要途径。

[①] 樊秀峰，简文彬，吴振祥. 课堂教学艺术的新境界 [J]. 中国地质教育，2010，19（1）：78-81.

第一节 教学设计

在开展教学活动之前，实习生需要进行多方面的计划与筹措，如教什么、如何教、要达到什么样的教学目标、教学效果如何评价等，都需要精心设计，进而帮助学生提高获得知识、技能的效率和兴趣，使教学效果最优化。

一、教学设计的概念

教学设计，是指为达到预期的教学目标，遵循教学过程的基本规律，对教学活动进行规划的过程。教师要善于对整个教学活动进行规划，对教学涉及的因素和流程进行安排，以形成合理的教学方案。

教学设计按内容从大至小，可以依次分为：课程设计、学期（学年）教学设计、单元（课题）教学设计、课时教学设计。

二、教学设计的原则

（一）系统性原则

教学设计是一项系统工程，要对整个教学系统进行分析和规划，也需要对教学过程中的某个环节作分析和设计。从系统的角度看，教学是一个由多个子系统组成的复杂系统，各个子系统相互联系，整体构成教学活动。教学设计应使整体与部分相互协调，达到教学系统的整体优化。

（二）目标性原则

教学设计需要确定合适的教学目标。教学目标的设计是课堂教学设计的基本内容。它既是教学活动的出发点，又是教学过程的行动指南，同时也是评价教学效果的依据。需要注意的是，教学目标的设计要具有可操作性。

（三）程序性原则

教学设计应该包含对操作流程的设计，对教学内容进行构思，这是教学设计能够付诸实施的基本条件。

（四）可行性原则

因为教学设计是针对具体教学活动的，所以教学设计必须具有可行性，能够被教学实践采纳，并能有效地指导教学实践。因此，教学设计应该对具体的教学活动作出细致安排。

（五）反馈性原则

教学设计应该包含对教学效果评价环节的设计，旨在从教学评价中获得反馈信息，不断修正教学行为，从而反思教学设计。

（六）具体性原则

由于教学设计是在具体教学情境中产生的，具有一定的独特性，所以科学的教学设计应对具体的教学情境有指导作用。

三、教学设计的依据

（一）理论依据

理论的指导是教学设计由经验层次上升到理论、科学层次的基本前提。教学设计涉及的理论主要有现代教学理论、学习理论、系统方法理论、传播理论。

（二）教学的实际需要

教学设计的根本意义就在于满足教学活动的实际需要，在于为实现这种需要提供最优的行动方案。

（三）学生的需要

教学设计应遵循"以学生为中心"的理念，要体现出"围绕学生、服务学生、引领学生"的核心，让学生主动学习、快乐学习。

（四）教师的教学经验

教师在教学设计中要将科学的理论与方法和好的教学经验结合起来，使教学设计既有共性，又有个性。

四、教学设计的步骤

（一）分析教学对象

分析学生的基础知识、基本技能水平，为确定教学重难点、选择教学方法提供依据；分析学生的认知心理特点及认知发展水平，包括情感、动机、兴趣等心理因素，以及学习能力和智力发展水平；分析学生的社会背景，包括生活经历以及社会、家庭的影响。

（二）分析教学内容

研读课程标准，明确课程标准对教学内容的要求及建议；分析教材，了解教材内容的知识类型、教材内容的相互关系；分析教学内容的知识脉络，选择可用的教学素材等；分析和挖掘教材知识内容的认知促进功能。

（三）设计教学目标

教学目标既是教学的起点，也是教学的归宿，确立合理、适当的教学目标是教学设计最重要的任务之一。教学目标的设计要依据课程标准的要求，具体包括知识与技能、过程与方法、情感态度与价值观三个方面。

（四）分析教师特征

教师自身的特征是进行教学设计的主观条件。在进行教学设计时，教师应考虑自身的教育观念、知识储备、语言表达能力、教学研究能力、媒体应用能力、教学经验和教学风格等因素。

（五）融合教学资源

教师进行教学设计，应考虑当地或学校教学条件的可能性，要充分地挖掘、利用、整合各种教学资源，使这些教学资源由隐性状态上升到显性状态，真正服务于教学的需要。

（六）确定教学组织形式

教学组织形式主要包括确定教学过程中师生活动怎么组织，以及教学时间和空间怎样有效控制和利用等。

（七）选择适宜的教学媒体

教学媒体的选择成功与否直接影响到教学效果的好坏。选择教学媒体要根据教学内容、教学目标和学生的特点以及教学媒体本身的特点等，同时要注意各类教学媒体的综合运用。

（八）确定教学的操作流程

确定教学的操作流程是指将前面确定的各个教学要素，按照一定的时间顺序，以一定的结构关系组织起来，形成一个有序的流程。简单来说，就是确定教学活动顺序的安排，即决定先做什么，后做什么。

五、教案撰写

（一）教案的主要内容

一个优秀的教案一般包括九项内容：课题和课型、教学目标、教学重点和难点、教具和学具、学情分析、教学过程、练习设计、板书设计、教学反思。

（二）教案撰写的内容与要求

1. 教学目标

教学目标是对教学要取得什么效果的预期设定。教学目标是一种质量规格上的要求，因此教学目标的设计要具有可操作性。此外，教学目标是国家教育目的的微观体现，具体的教学实践是实现国家教育目的的重要途径。实习生在设计和撰写具体课时目标时，应该根据实际情况来编写知识与技能、过程与方法、情感态度与价值观三维目标的具体内容。

2. 教学内容

教学内容的设计与撰写主要是对教材进行加工处理。一般要考虑的问题是：（1）内容的特点，比如本节课包含的知识与技能特点、陈述性知识与程序性知识；（2）内容的量，比如有哪些基本概念、原理，或公式、计算方法等；（3）内容的重点、难点；（4）基本内容和拓展内容；（5）内容的弹性范围。在实际教学中，如果大部分学生已经掌握了教案中的知识，或者理解知识的速度得比预想的要快，实习生则应该清楚可以补充哪些知识。或者，在实际的教学中，学生对知识的学习速度比较慢，内容难以全部教完，实习生也应该清楚怎样减缩内容等。如果缺乏对教学内容的弹性设计，教学经验较少的实习生就会难以控制课堂教学时间和教学效果。

案例阅读:"分数的初步认识"教学设计

3. 教学过程

教学过程设计就是对整个教学实施作出安排。教学过程的撰写主要包括:(1)选择教学方法,教学方法将会直接影响教学过程的展开方式。比如,讲授式教学法与讨论式教学法在教学展开上必然不同。(2)梳理教学发展的流程。比如,教学过程由哪些环节组成,它们的顺序如何。(3)预设对重要环节的处理方法。比如,导入环节采用什么方法,最后的教学总结用什么方法。教学重点、难点的确认和处理也要写清楚。(4)内容呈现方式的设计。比如,用什么方式呈现内容,是否使用多媒体教具,板书怎么设计,等等。

4. 教学评价

在课堂教学中,评价包括过程性评价和总结性评价。过程性评价的常用方式有提问、课堂练习、操作性活动等。总结性评价的常用方式有作业批改、随堂测验等。设计与撰写教学评价的内容一般包括:(1)确定评价的目的和具体目标;(2)确定评价的内容,包括评价谁和评价哪些方面内容;(3)选择评价的方法,包括采用什么形式进行评价,以及确定评价标准等。

六、板书设计

板书是教师进行教学表达的重要手段之一。独具匠心的板书,既有利于知识的传授,又能发展学生的思维;既能产生美感,又能潜移默化地促进学生形成良好的书写习惯。

(一)板书的范围

板书的范围主要包括:课题名称、授课提纲、教学要点和重点等。板书的设计重点和详略常常由于教学内容、教学方法、教师的教学风格和学生的接受水平而有所不同。

(二)板书的类型

1. 提纲式

提纲式是一种按照教学内容和教师的讲解顺序,提纲挈领地编排、书写的板书形式。这种形式能够突出教学重点,便于学生抓住要领,掌握学习内容的层次和结构,培养学生分析和概括的能力。

案例 6-1

《观潮》的板书

湖南第一师范学院实习生 谭燕

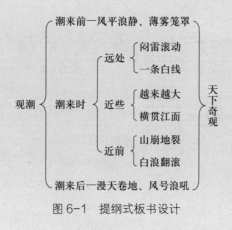

图 6-1 提纲式板书设计

2. 词语式

词语式板书即选择关键的词语做板书，其目的在于引起学生的注意，或者对课文理解起画龙点睛的作用。

案例 6-2

"面积和面积单位"的板书

湖南第一师范学院实习生 艾文晴

$$边长 \begin{cases} 1厘米 \\ 1分米 \\ 1米 \end{cases} 的正方形 \quad 面积是 \begin{cases} 1平方厘米 \\ 1平方分米 \\ 1平方米 \end{cases}$$

图 6-2 词语式板书设计

3. 表格式

教师根据教学内容可以明显分项的特点设计表格，提出相应问题，学生思考后回答，教师提炼出简要的词语填入表格中，也可以边讲边把关键词填入表格中，还可以先把内容分类，有目的地按一定位置书写、归纳，总结时再形成表格。

案例 6-3

大月与小月

湖南第一师范学院实习生　秦文英

一年 12个 月	大月	31天	一月、三月、五月、七月、八月、十月、十二月	
	小月	30天	四月、六月、九月、十一月	
	二月	28天		29天

平年365天	闰年366天

图 6-3　表格式板书设计

4. 线索式

线索式板书以教材提供的线索为主，能够反映教学的主要内容，使教材的梗概一目了然地展现在学生的面前，使学生对它的全貌有所了解。

案例 6-4

珍　珠　鸟

湖南第一师范学院实习生　陈晴

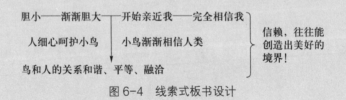

图 6-4　线索式板书设计

5. 图示式

图示式板书指用不同颜色的文字和线条勾画出简明的图形或图表，用图形或示意图的形式将知识直观地展示出来。

案例 6-5

《春》的板书

湖南第一师范学院实习生　汪晓梅

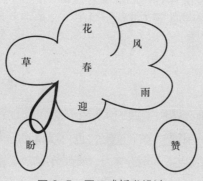

图 6-5　图示式板书设计

6. 运算式

运算式板书是用数字符号将数与式的计算、证明过程展示出来的一种板书形式。把各种运算用板书的形式表现出来，具有示范性，学生更容易理解，便于学生接受知识。

案例 6-6

异分母分数加减法

湖南第一师范学院实习生　向阳

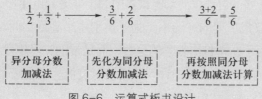

图 6-6　运算式板书设计

需要特别指出的是，板书绝不是简单地、盲目地在黑板上写写画画，而是应该由实习生在备课时认真地进行设计。优秀的板书设计往往是思想性和艺术性的完美结合。

第二节　教学实施

讲台就是舞台。精心做好教学设计，就是为了最终上讲台授课。实习生在完成教学设计、教案撰写后，要反复地试讲，反复修改教案，经指导教师审阅并批准后，才能正式上课。实习生在正式上课前，要做好课前准备，在上课过程中要善用教学语言艺术、注重课堂提问，最后要做好课堂小结。

一、试讲

实习生在撰写好教学设计后，必须反复进行试讲（也称试教或预讲），得到指导教师的同意后才能正式授课。试讲是实习生正式授课乃至参加工作后正式授课之前的一个重要环节。

（一）试讲的程序

1. 个人独立试讲

个人独立试讲可以不必按照上课的实际步骤展开，时间可以灵活，地点可以机动。实习生既可以试讲一节课的整个过程，也可以试讲一节课的某个环节或某几个环节，如导入新课、讲授新课、巩固练习、课堂小结等。有条件的话，自己可以把试讲的过程摄录下来，然后对照录像寻找不足之处，边改边提高，直至对自己的独立试讲比较满意为止。

2. 小组内试讲

（1）完全模拟正规的课堂教学进行试讲。

（2）预先通知同组内的实习同学、指导教师听课，也可以组织少量的学生听课。

（3）试讲的内容是完整的一节课。

（4）按规定控制教学时间与容量。

（5）试讲后组织评议，填写评议表。

3. 在小组内开展试讲评议活动

如果说试讲中的指导是一场"及时雨"，那么，试讲后的评议就是一支"催化剂"。从某种意义上说，开展试讲评议活动比试讲中的指导更为重要和必要。因为在实习生的试讲过程中，评议最重要的意图不是为了辨别水平高低，而是为了改进。所以，试讲评议活动的核心不在于打出教学的分数，而是帮助实习生发现试讲中的问题。

需要特别指出的是，试讲后的评议不是随意交流，而是应该根据试讲评议标准（表6-1）来进行自我评析和组内评析。

4. 修改教案

在每次试讲及评议后，实习生应根据小组其他成员和指导教师的评议建议修改教案。试讲不合格者，需认真修改教案，之后应再次试讲并评议，直至合格；试讲合格者，在修改教案后应提交指导教师审阅，再进一步根据指导教师的意见或建议，修改、完善授课的教案。

（二）试讲要注意的问题

试讲是上课前的一种模拟演练，是正式授课前的排练，也是从理论到实践的一种过渡。在试讲中，实习生要注意以下一些问题。

（1）熟悉教案。试讲前应多次阅读自己撰写的教案，从第一次试讲开始，尽量做到脱稿试讲。

（2）教态自然。镇定自然是充满信心和智慧的表现。在试讲中实习生应规范一般教态，如：左手拿课本，右手拿粉笔；面向"学生"，姿势自然；切忌把手放在口袋里，或对着黑板（天花板）说话、盯着教案读等。

表 6-1　实习生试讲评议标准

评议项目	评议内容	评议等级			
		优	良	中	差
教学态度	教学态度亲切、负责、热情				
	事先做好教学准备				
	能用和善且适当的语气引导"学生"学习				
	能够检查是否达到教学目标				
教学设计	能拟订具体明确的教学目标				
	能依据教学目标设计教学活动				
	能合理有效地分配课堂教学时间				
	适合"学生"的能力与需求				
教学技巧	能有效运用各种教学媒体、资源				
	能激发"学生"的学习动机				
	能灵活选用各种教学方法				
	能照顾到"学生"的个别差异				
	善于运用提问技巧并给予"学生"适当的反馈				
	及时鼓励并赞扬"学生"的优良表现				
	板书字体端正，书写简洁、有条理				
	清楚有效地进行表达与沟通				
	能妥善安排不同类型的作业任务				
	能够提炼教学内容，归纳教学重点				

说明：优＝完全做到；良＝大多做到；中＝基本做到；差＝很少做到。

（3）语言清晰。在试讲时，声音不能太小，要让所有"学生"都能听得清、听得懂；语言流畅，要前后连贯，过渡自然。

（4）把握节奏。在试讲时要放松心态，避免情绪紧张，要时刻提醒自己语速放慢些、表达清楚些。

（5）"师生"配合。教学是师生双向交往的过程，试讲一般没有学生或者只有少数学生，那么就可以请实习小组中的同伴临时扮演"学生"，配合完成试讲。在试讲过程中，同伴一方面要配合试讲者完成试讲，另一方面要认真听课，课后共同评课。

二、上课

一个再好的剧本，只有演出才能体现它的精彩；一次又一次地排练，都是为了正式演出时观众的喝彩。教学也是如此，再好的教案，必须通过上课才能体现它的价值；多次试讲也是为了最终正式登台上课。上课是学校教学工作的中心环节，对其他各个环节起支配和调节作用。抓好上课这个中心环节，也就抓住了提高教学质量的关键。对于实习生来说，如何上好每一堂课是教育实习中最为关键的问题。

（一）做好课前准备

事实上，从进入实习学校的第一天开始，实习生就已经成为实习学校教师队伍中的一员。学生的眼睛如摄像机一般记录着实习生在校的一言一行。因此，从第一天开始，实习生就需要迅速转换角色，以教师的身份出现在学生的面前，尽快适应教学环境，从心理、思想、行为等各个方面接受新环境对自己的角色期望。

1. 心理准备

心理学研究证明，个体在面临陌生环境和活动时，会产生过激反应，以提高对活动的准备状态。适度的应激反应有利于个体应对环境变化，但反应过强则会使个体产生恐惧、忧虑、胆怯等不良心理反应。虽然有充分的课前准备和指导教师的精心指导，实习生在面对陌生的教学情境时也难免会心理紧张。在上课前，一些实习生可能会出现忐忑不安、失眠等现象，在课堂教学过程中可能会出现头脑一片空白，无法想起预设的教学设计，说话结巴、啰唆重复，遗漏教学环节等现象。为避免上述现象的发生，实习生需要在课前进行一定的心理调控，为教学做好心理准备。

首先，端正态度，树立信心。教师成长一般要经历"实习教师—新手教师—成熟教师—骨干教师"的过程，所以实习生要坦然面对自身的不足、不完美以及遇到的挫折，而不是一蹶不振。实习生的教学工作才刚刚开始，很多不足、不完美是可以通过今后的努力来改进的。其次，做好充分的教学准备。在指导教师的支持下备好课，反复试讲，修改教案；熟悉教案，熟记预设的教学流程；准备相应的教具、学具、课件等与教学相关的物品，如果使用多媒体教室就要预先调试好电脑和课件等。再次，转移意识指向。在充分准备的基础上，实习生可以暂时让自己放松一下，如看看其他书籍、听听音乐，也可以与班级学生聊聊天、做做游戏等。最后，提前进入教室。一方面可以从容地整理教案及课件等教学资料，另一方面可以课前深呼吸，在讲台上找找感觉，与学生交流，等等。

2. 教学准备

教学准备主要是指精心备课、用心试讲、准备教具和学具、安排学生预习、静心想课、课前候课。这些内容在前面已经有较为详细的阐述，这里不再赘述。

3. 形象准备

学为人师，行为世范。特别是对于小学生而言，他们具有较强的向师性，所以实习生的穿着打扮、言谈举止都可能成为学生模仿的对象。因此，实习生在走进课堂前，要注意自己的形象，做到着装朴素大方，表情平静、柔和，神态与姿势端庄、儒雅。

（二）善用教学语言艺术

I. 讲授语言

课堂讲授语言艺术能反映教师的能力和水平，同时在一定程度上决定教师的教学效果。讲授语言有以下要求。

（1）目的明确，突出重点

叶圣陶先生在《精读指导举隅》一文中曾经指出：讲课要给学生一个简明的提要，学生凭这个提要，再去回味那冗长的讲话，就好像有了一个线条，把散开的线都穿起来了。因此，一堂课要解决什么问题，达到什么目的，哪里是难点、重点，实习生要做到心中有数。这就要求实习生在讲授前要深刻领会课程标准精神，教学设计紧扣教材，从内容特点和学生实际出发，确定好教学目标，突出教学重点和难点。如果教学目标不明确，教学重点不突出，语言组织必然会杂乱无章，或者"说话千言，离题万里"。

（2）深入浅出，有启发性

实习生要把教材上的知识讲述出来并不难，难就难在还要让学生能听懂、能理解、能领悟。这就要求实习生在讲授时，能把深奥的道理浅显化、通俗化，甚至形象化，讲授语言要能启发学生思考问题，或起到点拨作用。讲授语言如果繁杂深奥、照本宣科，学生听到的可能会是一堆晦涩难懂的"原始材料"，这会给他们在吸收和理解知识上带来较大的困难，学习的积极性也会受到影响。

案例 6-7

科学课上的提问

湖南第一师范学院实习生　文小娇

上课刚开始，教师就问学生："木块放在水里为什么总是浮在水面上？铁块放在水里为什么总是沉下去？"

学生回答："因为铁重。"

教师又问："钢铁制成的巨轮很重吧，为什么却能浮在水面上？"

后面这个问题进一步引发了学生的思考，激发了他们的求知欲，促使他们积极地参与到教学中来。

由此可见，在教学中，教师的语言应具有启发性，要给学生留下思考的余地，让学生能由"此"想到"彼"，由"果"想到"因"，收到一石激起千层浪的效果。同时，启发性的语言还能唤起学生丰富的联想，使其仿佛身临其境，加深对知识的理解。

（3）生动形象，有趣味性

一位语言学家这样说过："生动、形象、活泼的语言可以给人一种快感，干瘪的语言只能让人的心理压抑。"①那些受学生欢迎的、有威望的教师，他们的语言往往是生动形象的，也就是说一般是科学性、知识性和趣味性的有机结合，听这样的教师讲课，学生会有一种乐此不疲的感觉。为此，讲授语言要注意以下两点。

第一，讲授语言要生动形象。按照直观性教学原则，教师除了利用实物、模型等直观教具以外，很重要的一点就是使用形象的语言，以唤起学生的想象，拓展学生的思维空间，构架起感性认识和理性认识之间的桥梁。

案例 6-8

趣说"古老的数学题"②

在数学课上，教师出了一道古老的题目给学生解答："鸡兔同笼，有头10个，腿32条，鸡兔各有几只？"学生议论纷纷，进而又都皱起眉头来。解题的突破口在哪里呢？这位教师一声令下："全体兔子立正，提起前面两腿。""现在，兔子和鸡的腿数一样多了。上面有10个头，下面该有多少条腿呢？""$2 \times 10 = 20$（条）。"学生齐声回答。"和先前相比，少了多少条腿呢？""少了12条。"反应快的学生马上叫了起来。"这12条腿哪里去了呢？""被兔子们提起来了。""那么，你们现在该知道笼子里有几只兔子？""有6只兔子！"学生们欢叫着。

复杂的数学题目，在教师那生动形象的讲解中，变得那么有趣、明白，给学生留下了深刻的印象。

第二，讲授语言要有趣，如幽默、诙谐。幽默，既是一种教学艺术，也是一种教学风格，教学语言幽默是教师聪明才智的表现。许多优秀教师都具有这种幽默的话语风格。幽默的教学艺术包括：教师设计的情节幽默，讲笑话、趣事，机敏的妙语、警句，生动有趣的描述或评论，旧词换新意，以及教师的肢体幽默、表情幽默等。还有在上课时，教师在恰当的时候说几句诙谐的话，不仅能使学生兴奋，而且会使这种兴奋变成兴趣，产生联想，有利于记忆。

案例 6-9

趣问"错误"③

一位教师在纠正学生 $\frac{2}{4} - \frac{1}{2} = \frac{1}{2}$ 的错误时，提出了一个有趣的问题，"半个西瓜，吃掉了半个，还剩下半个，对吗？"这样的问话不仅有趣，而且能使学生迅速地发现问题的症结所在，寓理于趣，回味无穷。

---

① 马增祎，赵福义. 成功班主任素养修炼［M］. 北京：航空工业出版社，2017：79.
② 王升. 教学策略与教学艺术［M］. 北京：高等教育出版社，2007.
③ 王升. 教学策略与教学艺术［M］. 北京：高等教育出版社，2007.

（4）注意语音、节奏和顿挫变化，使讲授语言有吸引力

理想的讲授语言应具备的特点是：音色优美、音量适中、音素恰当、音调自然。比如，在刚上课、上到一半及快要下课时，学生的注意力往往容易分散，音量应放大一些；当教学内容难度较大，学生接受起来有困难时，教师的语速可适当放慢一些。同时，教师要注意音调自然，要有抑扬顿挫的变化。声音太高，反复刺激学生，会使学生产生烦躁情绪，影响教学内容接受质量；声音太低，则像催眠曲，学生听起来费力，兴奋状态难以形成，影响教学效果。因此，教师的讲授语言应该体现为音调有抑扬顿挫、节奏有轻重缓急，并伴有适当的停顿，以利于学生思考；讲授语言的整体发音应该力求清晰、准确。

（5）语言准确、规范，并富于逻辑性

语言准确、规范即要求教师把握准确教学内容，对于一些概念的剖析、原理与定理的阐述等应该使用专业的术语，而不能采用模棱两可的语言。例如，有的实习生在表述中常用"这个""那个""这边""那边"等词语，让学生听了后感到混乱。对于一些概念的引入、公式法则的推导、词语的理解和解释必须准确无误，言简意赅，而不能含混不清，长篇大论。又如，有的实习生将"或"与"且"混为一谈，将"都不是"颠倒使用为"不都是"。

案例 6-10

"体"与"形"的表述要规范

湖南第一师范学院实习生　唐晓凤

一位实习生在日志中这样写道：在我上"观察物体"这一课时，指导教师陈老师指出，在讲课过程中，我犯了口误，提问学生：这是什么形啊？（正确的提问是：这是什么体？）在学生回答长方形的时候，我仍然没意识到错误。由于自己的口误，学生在我的误导下也发生了错误，但我两次都没有发现。

另外，课堂讲授语言应该具有一定的逻辑性，主要是指教师的讲授要准确地使用概念、恰当地进行判断、严密地进行推理，尽量做到句句连贯、联系紧密、层次分明、过渡自然，使得整堂课的教学具有一气呵成的效果。

2. 板书语言

板书语言主要是指教师的板书设计，在前面的板书设计中已有较为详细的论述。这里主要给出几个注意事项。

第一，板书内容要规范，字符大小适中。不要写错字、别字、繁体字、不规范的简化字。板书字符大小要与黑板大小、教室大小、学生多少、光线强暗相适应，以便学生获得最好的视觉效果。同时，面向小学生的板书尽量使用正规楷体字。

第二，板书布局要合理。板书是为了突出教学的重点、难点，要精心设计整体

布局、文字、图案、线条、箭头、颜色等，达到吸引学生注意力的目的。

第三，板书需要讲、写结合。板书可以是先写后讲、先讲后写、边讲边写，或是教师讲学生写等多种形式，以提高学生的参与度。切忌上课前先将板书写在黑板上，或者讲完后集中补写板书。

案例 6-11

板书小错误，惹来大麻烦

一位教师在一次比赛课中，把"平行四边形"标题板书成了"平形四边形"，以至于与获奖名次无缘；一位实习生在二年级授课时，不是用工整的楷体字来板书，有一些连笔的现象，学生不断地指出他的错误，以至于他的课堂教学成了学生"纠正教师板书错误"的活动。

3. 肢体语言

肢体语言（又称身体语言，或者体态语）是辅助教师讲授教学内容的重要手段，主要包括四个方面：表情、眼神、手势、走动。在使用肢体语言时，实习生应力求做到准确适度、自然得体、和谐统一。

（1）表情

教师在讲台上的每一个细微的表情都会在学生的情感上、心灵上引起强烈的感应。学生往往能通过教师表情的变化，捕捉某些难以使用或不宜使用语言来表达的微妙、复杂、深刻的思想感情。

教师要随时把握课堂上出现的不同情况，恰当地运用表情语言。例如，教师可以用和蔼的微笑做引导，来创造亲切愉快的课堂气氛；对积极思考、努力学习的学生，教师报以会心的微笑，使学生从微笑中得到鼓励；对扰乱课堂秩序、违反纪律的学生，教师可以表情严肃，以示警告；等等。

（2）眼神

"眼睛是心灵的窗户"，最能传达感情进行交流的体态语莫过于眼神，特别是在无声的教育环境中，教师的眼神能发挥"无声胜有声"的作用。教师使用好自己的眼神，可能会获得意想不到的效果。

（3）手势

手势是一种基本的体态语。教师在教学过程中都会有意无意地运用手势来辅助自己的语言表达。手势有时还可以替代语言，或者增加语言的表现力，使课堂教学变得形象、生动、富有感染力。运用手势要讲究艺术性，必须明确、精练、自然、活泼、适当。需要特别指出的是，手势语不宜过多使用。如一些实习生常常会使用一些多余的手势动作，分散学生的注意力，干扰学生的正常学习。

（4）走动

教师适时地在讲台前走动或适时地走到学生中间，有助于活跃课堂气氛，拉近师生距离，融洽师生感情。但是，教师在走动中需要注意几个问题：第一，要控制走动的次数和速度，不能分散学生的注意力，如果在教学中绕着组与组之间来回走动，边讲边走，就会在不经意间分散学生的注意力；第二，走动或停留的位置要方便教学，一般而言，除个别辅导外，尽量不要停留在教室的后端；第三，注意关心每一个学生，对所有的学生给予同样的关心。

（三）注重课堂提问

1. 课堂提问的要求

（1）课堂提问要贴近学生生活

小学教学内容有着丰富、生动的现实生活作为背景支撑，教师要建立起"教学与生活相结合"的理念，让生活中的真实情境成为课堂教学提问的重要资源。以课程标准为指导，以教材为框架，大胆应用生活中的素材创设学习情境进行提问。创设教学情境，可以引导学生感受所学内容在生活中的重要性，使之产生"情境效应"，能有效地激发学生内在的学习动机，促使学生走出"要我学"的低谷，进入"我要学"的积极状态，从而使小学课堂教学高效。

案例 6-12

课堂提问生活化

湖南第一师范学院实习生　王琴

在开展科学课"加热和冷却"时，一位实习生提出了这样的问题：家里来了客人，妈妈急需做菜，但是无论如何也打不开罐子的盖子，急得满头大汗，你能想个办法帮她解决难题吗？这样的问题不仅能引导学生进行思考，而且与生活实际关系很大，较容易引起学生的思考和参与。

（2）课堂提问要面向"最近发展区"

建构主义的学生观认为，学生并不是空着脑袋走进教室的。引导学生投入学习过程，必须了解学生学习的起点。教学的基础是学生的现有基础，分析学生现有的知识水平和经验、情感和思想状态，是确定教学目标、教学重点、教学难点的前提和基础。这些知识和经验一方面可能是下一步学习的铺垫和助力，另一方面也可能形成思维定式，成为下一步发展的障碍。所以，教师不能随心所欲地提问，而要根据学生现有的知识水平和经验基础进行有目的性的提问。

案例 6-13

适合学生思维水平的提问

湖南第一师范学院实习生　熊真

在研究吹泡泡的实验中，三年级的学生对于"为什么阳光下的泡泡是五颜六色的？"这样的问题是无法回答的，这样的问题对于他们来说是无效的。我们可以换一种提法："同学们，看看我们吹出来的泡泡有哪些颜色？"

（3）课堂提问后要适时等待，让学生有思考的时间

"一问一答"是课堂中常见的教学现象，然而实际上在课堂教学中，往往更多的是"一问即答"，学生来不及思考就直接回答。这种回答通常可能是浅层次的，这种提问也没能真正地激发学生的深层思考。

案例 6-14

智慧绽放在"等待中"

湖南第一师范学院实习生　唐姿

教师在上"肺和呼吸"一课时提出了这样的一个问题："我们吸入的气体和呼出的气体成分有什么变化？"这个问题提出之后，马上就有位学生举手，而教师却好像没有看到。是教师没有关注到这位学生吗？肯定不是，她是在等待，渐渐地，小手举得多了，大部分学生都把手举起来了。这不正是教师耐心等待的结果吗？乍看这一过程，风平浪静；细品吧，一朵朵智慧的浪花正在这无声的等待之中悄悄绽放。

等待，是一种教学艺术，是教师"以学生为本"教学理念的外显，也是教师心态从容的表现。

（4）课堂提问指向要明确

课堂提问是为课堂教学服务的，课堂提问要紧紧围绕课堂教学中心来进行。这包含两个方面的意思：一是提问的目的性要明确，教师为什么要提这个问题，通过提问要解决什么问题、达到什么目的；二是所提的问题本身要明确，要求语言清晰规范、严谨明确。

案例 6-15

"剪纸"教学片段

湖南第一师范学院实习生 曹向荣

窦桂梅老师的一堂公开课《剪纸》（录像）：

老师在板书课题后，提问学生：经过预习，你们知道这篇文章是写一个人还是写一件事？

生：这篇文章是写小时候记忆中"我的姥姥"。

师：（出示课文中的四组词语）你能用上里面的词语，来简单说说文章写了姥姥的哪几件事吗？

生：写了姥姥剪纸技艺高超。

生：写了姥姥为了拴住"我"的心，为"我"剪纸。

2. 课堂提问的形式

课堂提问的形式有很多种，按照思维水平不同，可以分为知识性提问、理解性提问、应用性提问、分析性提问、综合性提问和评价性提问。

（1）知识性提问

知识性提问是考查学生概念、字、词、公式、法则等基础知识记忆情况的提问形式，是一种最简单的提问。对于这类提问，学生只需凭记忆回答。在一般情况下，学生只是逐字逐句地复述学过的一些内容，不需要自己组织语言。在知识性提问中，教师通常会使用如下关键词：谁、是什么、在哪里、什么时候、有哪些、写出等。例如：矩形的面积公式是什么？《赠汪伦》的作者是谁？但是，简单的知识性提问容易限制学生的独立思考，没有给他们表达自己思想的机会。因此，课堂提问不能局限在这一层次。

（2）理解性提问

理解性提问是用来检查学生对已学的知识及技能的理解和掌握情况的提问形式，多用于某个概念、原理讲解之后。学生要回答这类问题必须对已学过的知识进行回忆、解释、重新组合，对学习材料进行内化处理，组织语言然后表达出来。因此，理解性提问是较高级的一种提问形式。学生通过对事实、概念、规则等的描述、比较与解释探究本质特征，从而达到对学习内容更深入的理解。在理解性提问中，教师经常使用的关键词有：叙述、阐述、比较、对照、解释、说明等。例如：你能说出水污染对人类的生存有什么影响吗？《可爱的草塘》这篇课文的中心思想是什么？你能说明正电、负电有什么区别吗？

（3）应用性提问

应用性提问是考查学生把所学概念、规则和原理等知识应用于新的问题情境中解决问题的能力水平的提问形式。在应用性提问中，教师经常使用的关键词有：应用、运用、分类、分辩、选择、举例等。例如：举例说出你所知道的水果、蔬菜；用米尺测量校园里你能够测量的物体；运用所学过的面积公式，计算你家客厅的面积。

（4）分析性提问

分析性提问是要求学生通过分析知识结构因素，弄清概念之间的关系或者事件的前因后果，最后得出结论的提问形式。学生必须能辨别问题所包含的条件、原因和结果及它们之间的关系，仅靠记忆并不能回答这类提问。学生必须通过认真的思考，对材料进行加工、组织，寻找根据，进行解释和鉴别，才能解决问题。这类提问多用于分析事物的构成要素、事物之间的关系和原理等方面。在分析性提问中，教师经常使用的关键词有：为什么、哪些因素、什么原理、什么关系、得出结论、论证、证明、分析等。例如：在符合什么条件时，水中的物体可以浮起来？在《詹天佑》这篇课文中，作者主要叙述了詹天佑修筑京张铁路的事迹，表现了他是一个爱国工程师，为什么却用很大篇幅描写帝国主义的阻挠和自然条件的恶劣，这与文章所表现的主题有什么关系？

（5）综合性提问

综合性提问是要求学生发现知识之间的内在联系，并在此基础上促使学生把教材内容的概念、规则等重新组合的提问形式。这类提问强调对内容的整体理解和把握，要求学生把原先个别的、分散的内容以创造性的方式综合起来进行思考，找出这些内容之间的内在联系，形成一种新的关系，从中得出一定的结论。这类提问可以激发学生的想象力和创造力。在综合性提问中，教师经常使用的关键词有：预见、创作、假如……会……、如果……会……、结合……谈……、根据……你能想出……的解决方法、总结等。例如：请总结促使"草船借箭"成功的各种因素；假如地球上的森林被砍伐光了，地球会发生什么变化？

（6）评价性提问

评价性提问是一种要求学生运用准则和标准对观念、作品、方法、资料等作出价值判断，或者进行比较和选择的提问形式。这是一种评论性的提问，学生需要运用所学内容和各个方面的知识和经验，并融入自己的思想感受和价值观念，进行独立思考后，才能回答。它要求学生能提出个人的见解，形成自己的价值观，是最高水平的提问。在评价性提问中，教师经常使用的关键词和关键语句有：判断、评价、证明，以及你对某事有什么看法？等等。例如：你怎样看待为人民服务的精神？你喜欢桂林山水吗？为什么？你对这个结论持赞成还是反对态度？为什么？

以上六种提问形式都是指向问题本身，还有一类是要求学生积极参与课堂各项活动、跟随教师的教学进程的提问，这类提问可以称为管理性提问。例如："谁来读一读？""Are you ready？""Do you understand？""Anyone else？""谁还想说一说？""一起齐读这篇课文，好不好？""谁来帮助他解答？"等等。这类课堂用语多用于引入新知识，调控课程教学进程，激发更多学生参与某项活动，有助于吸引学生的注意力和好奇心。但这类提问的答案通常非常简单,学生思维参与水平低,不利于调动学生的积极思维和主动参与;同时学生作为独立的人所应得到的关注得不到体现,也就无法进行真正意义上的交流。所以,在课堂上适量采用这类提问是必要的,但不可同一句式一成不变,要注意提问的多样性。

3. 课堂提问的策略

(1)"趣问"——优化提问的形式

兴趣是最好的老师。小学生的学习自觉性较差,要使他们能主动去学习,就必须充分调动他们的学习兴趣。因此,提问的内容要新颖别致,这样就能激发学生积极思考,促使他们通过不同的学习方式主动去解决问题。激发学生的学习兴趣,一方面要在提问内容上新颖、别致,另一方面要在提问形式上不断地变化。

案例 6-16

源于生活的"趣问"

湖南第一师范学院实习生 王丽

在教学"新型玻璃"一课时,一位教师是这样设计问题的:孩子们,请仔细观察教室窗户上的玻璃有什么特点和作用?等学生畅所欲言后,再引导学生:今天老师要带领同学们去认识几种新型玻璃,看看它们又有什么特殊的特点和作用呢?面对这些有趣的问题,好奇心强的小学生便会自觉地到课文中去寻求答案。

(2)"巧问"——优化提问的切入点

爱因斯坦说过:提出一个问题往往比解决一个问题更重要。一个好的提问能够点燃学生思维的火花,催发学生创造意识的萌芽,达到培养学生好问善思的目的。而教师想要使自己提出的问题有思考性、启发性,就必须对教学内容进行细细地解读,弄清文章的立意、思路。因此,在进行课堂提问时教师要把握好提问的"点"。所谓提问的"点",就是教师应该在什么地方设计问题。下面以小学语文教学为例加以说明。

第一,在课文题目处提问。课文题目具有表情达意、揭示主题的突出作用。对于每一篇文章的题目,教师都可以设计一些耐人寻味的问题,激发学生探究的欲望。

案例 6-17

根据课文题目提问

湖南第一师范学院实习生 张虹

在教学《狼牙山五壮士》时,一位教师抓住题目设计问题:

（1）壮士能改成战士吗？为什么？

（2）你能从哪些词句读懂他们是壮士？

然后，整节课就围绕这两个问题展开教学。

第二，在关键词和关键句处提问。一篇文章一般都有一两个"牵一发而动全身"的关键词或关键句。在阅读理解时，教师可以抓住这样的词语和句子，设计恰当的问题，采取"层层剥茧"的方法，帮助学生弄懂文章的主旨。如果教师问题设计得巧，学生往往会对这样的段落印象深刻，教学的难点就会迎刃而解。

案例 6-18

抓住关键处提问

湖南第一师范学院实习生　彭艳

一位教师在教学《乡下人家》一课时，针对关键句"乡下人家，不论什么时候，不论什么季节，都有一道独特、迷人的风景"，设计了"'独特、迷人'怎么理解？乡下人家有哪些独特、迷人的风景呢?"的问题。学生通过阅读课文，从屋前搭瓜架、屋后冒春笋、门前种鲜花、竹林中鸡觅食、河中鸭戏水、门前吃晚饭、夜静人唱歌等几个场景体会到乡下人家景色的独特和迷人。再通过对相关语句的读、悟、议，学生不仅能体会到乡村生活的自然亲切、优美恬静，还能感受到作者对乡村生活的向往，对生活的热爱之情。

第三，在课文的重难点处提问。教学中的重点问题和难点问题在实现教学目标过程中是必须加以重点解决的问题，这类问题需要教师认真领会课程标准，把握教学目标，钻研教材，了解学生的身心发展特点和认知水平，从而准确确定。根据重难点和教学情境设计问题，在课堂上加以引导，这样教学的重难点就能够比较容易地掌握或突破。

（3）"精问"——优化提问的内容

善教者，必善问。优化课堂提问设计已经成为一门专门的教学艺术，受到教育专家和广大教师的重视。精心设计课堂提问是每位优秀教师的必备技能。

第一，紧紧围绕教学目标设计提问。一个好的课堂提问能激发学生的学习兴趣，发展学生的思维，使学生受到情感熏陶，而问题设计要从教学的整体目标出发，综合考虑课堂教学的整体效应。

案例 6-19

围绕教学目标提问

湖南第一师范学院实习生　李宏星

教学《小英雄雨来》一课时，我设计了这样的问题：

（1）为什么要把雨来叫作"小英雄"？

（2）你认为在他的身上有哪些英雄特征？

这几个问题的提出，促使学生全面阅读，把课文中的内容连贯起来思索，体会文章的中心，达到教学目标。

第二，提问的内容要有思维价值。在教学中所提的问题如果过于简单，问题的答案只是简单的是或不是、好或不好，就不能激发学生的探究兴趣，同时也不利于训练和发展的学生高级思维。

案例 6-20

不同思维水平有不同提问方式 [①]

在教学"直线"时，根据学生认知领域中有"识记、理解、应用、分析、综合、评价"6种不同层次行为，对于直线概念的提问有相应的不同的方式：

（1）你知道什么是直线吗？

（2）你会画直线吗？你能说说画直线的步骤吗？

（3）可以在这两点之间画一条直线吗？

（4）在下面的几幅图中，哪幅图表示一条直线？

（5）在不用尺子的情况下，你怎样画出一条直线？

（6）以下这些线条中，哪些是曲线？哪些是直线？

4. 课堂提问要避免的问题

（1）提问频率过高且低效问题较多

很多教师和研究者对小学课堂中的提问进行了观察分析，认为教师应该对问题进行合理的设计，才能促使整个提问的过程有效，从而体现提问的教学价值。

---

① 参见百度文库中"小学数学课堂教学中有效提问的策略"的相关内容。

案例 6-21

课堂提问的调查统计

湖南第一师范学院实习生　汪雨

　　我和实习同学一起观摩了6节小学语文阅读课，并对每节课的阅读时间分配进行了统计分析。结果发现，平均每堂课的读书时间为9分50秒，其中，最长的是14分35秒，最短的是6分钟；每堂课由教师提出的问题平均24.5个，最多的提了45个。

　　我们在对一堂阅读教学进行课堂观察分析后，发现教师课堂提问数量偏多，一堂课共有63个问题，平均每分钟达约1.6个问题之多。在这些问题中，有效问题共有36个，约占57.14%，主要是激发学生思考和对学生学习有提醒作用的问题；低效问题25个，约占39.68%，主要集中在过于简单及无意义重复等问题，如：大家有没有听懂？我们一起齐读课文好不好？他做得对不对？他说得好不好？等等。这些问题属于是非选择式问题，对学生思维水平的要求较低。

　　（2）给学生的候答时间不够

　　这一点与提问过于频繁有直接的关系。在一部分小学课堂上，教师一个提问接一个提问，学生则是一个回答接一个回答。看似师生之间有很多互动，但这种现象却反映出提问的低效。要么是问题过于简单，学生不需要动脑思考就能脱口而出；要么就是最初提出的问题太难或太偏，而学生的回答达不到满足教师的预想，于是教师不得不分解出若干铺垫性的问题，以便使学生逐步说出教师期待的答案。

　　有效的课堂提问，要根据问题的难度适当控制提问的等候时间。教师在提出问题后应该给学生留有一定的思考时间，以提高学生回答的准确性。一般来说，从提出问题到请学生回答，至少应该等候3~5秒。如果教师所提的问题是开放性的，那么留给学生的等待时间以10秒左右为宜。如果是动手操作、小组讨论的问题，应等候3分钟左右，并且教师最好走到学生中去，根据观察到的学生的实际情况调整等候时间。

　　（3）提问过于零散

　　这个问题与教学目标分散、不集中有关。一些教师出于"面面俱到"的考虑，试图在一堂课上照顾到学习的方方面面。例如，在讲授一篇课文时，既有识字写字、词句教学，又有阅读理解、深刻把握思想感情，还要进行朗读指导，让学生读出感情，另外还要让学生感受和体验文章的写法精妙。在有限的时间里，由于目标过多，教师只能忽而问这个，忽而问那个。学生也是一会儿考虑这个，一会儿考虑那个。师生的大脑都在不停地运转，但最终结果却是不知道这一课到底要学什么。

（4）问题表述笼统，对学生思维发展缺乏指向性

课堂提问想要激发学生的思维，问题的表述就必须清晰、明确。如果教师在设问时欠缺严谨的思考，问题随意，就容易出现表述笼统、指向不明的现象。如语文教师经常提出"从此文中，你读懂了什么？""读了课文后，你知道了什么？""读了课文后，你想说点什么？"等问题。学生一般都希望自己的回答能靠近教师的期望，得到教师的认同，但这样的问题容易让学生产生困惑——教师究竟想让我做什么、说什么？

案例 6-22

"提问不明让我无法懂"

湖南第一师范学院实习生　陈湘怡

一位教师在《田忌赛马》的第二课时教学中，要求学生自读第一次赛马的部分，边读边想自己读懂了什么。

学生读后，教师请一位学生回答"你知道了什么？"

学生将课文中的句子读出来说，"我知道了，田忌和齐威王赛马……"

老师温和地中止了学生的回答，说"用书上的话不叫读懂了"。

从这段课堂教学实录中可以看出，教师希望学生能用自己的语言概括课文这部分的大意，她希望的回答是——（我知道了）田忌和谁赛马、赛马的过程、结果，以及田忌失败的原因。既然如此，问题的表述完全可以更加明确，有一定的指向性。比如，"你知道了第一次赛马的哪些信息？"或者在提问之后补充一句指导语："你知道了什么？请用自己的话说一说。"

案例 6-23

"平均数应用题"教学片段[①]

在教学"平均数应用题"时，教师在引入环节用多媒体设备展示了游泳池图片，并说明游泳池的平均水深1.40米。

教师：你去游泳，安全吗？

学生1：安全，可以在浅水区。

学生2：安全，可以，带救生圈。

教师追问：真的安全吗？

学生3：安全，可以叫家长陪同。

---

① 参见百度文库中"小学数学课堂教学中有效提问的策略"的相关内容。

…………

教师只好出示游泳池的剖面图，并再次说明：最深处1.6米，最浅处1.2米，泳池中部深1.4米。

教师：1.4米是怎样算出来的？是什么意思？

很显然教师提出的第一个问题——"你去游泳，安全吗？"，目的是想让学生理解平均数。这个问题虽然有一定的开放性，让学生有很大的思考空间，但是缺乏明显的教学指向性，难以引起学生在数学方面的思考。对于这个问题我们可以这样调整：在展示主题图后，教师可以提出一个具有指向性的问题——"有一位初学游泳的小朋友，身高1.42米，一看平均水深1.4米，马上就往水里跳，你们认为这样安全吗？"当教师创设出一种明确的问题情境时，学生就会顺着问题指示的方向，理解平均水深的含义。如果问题呈现不够明确，没有结合具体的情境，或者表述不清的话，学生往往只能依据教材内容或教师的提问做一些浅层次的思考，并胡乱地猜测教师的期望，难以达到对问题的深入思考，其思考的结果通常也会与教师的期望"南辕北辙"。

（5）提问面向部分学生，而非全体学生

一节成功的课堂教学，教学任务的落实不应只是针对班上的中、上等生，而应面向班上的全体学生。由于学生有不同的个体差异，所以在课堂教学中教师应考虑他们的接受能力，尽量适当设置一些适合他们回答的问题。当然，简单的问题并不意味着没有价值、没有内涵，而是在探讨的时候答案比较容易找到，这样他们就不会觉得学习对自己来说是遥不可及的事情，从而坚定对学习的信心，自觉地参与到学习中来。教师同样也要关注学优生，不要让这部分学生觉得所有问题对于他们过于简单而掉以轻心，不注意听讲，慢慢地失去了学习的兴趣。总之，提问要面向全体学生，问题设置要有针对性，体现多角度、多层次。

案例 6-24
"台阶式"问题适应不同水平学生的需要
湖南第一师范学院实习生　刘俊

一位实习生在教《孔乙己》一课时，设计了这样几个"台阶式"问题：（1）孔乙己的基本性格特点是什么？（学生一般都能回答。）（2）主要体现在哪里？（约一半的学生能回答。）（3）是什么因素使他变成这样？（少数基础较好的学生能回答。）（4）作者为什么塑造这个形象？（少数基础较好的学生能回答。）

这样的提问设计可以适应不同水平学生的需要，激发全体学生的思维发展。

（四）合理组织教学

组织教学指教师为了确保教学的成功，达到预期教学目标，对整个教学过程所进行的一系列策划、控制、调整、检查、评价、反馈。根据以往的情况，实习生在课堂教学中常常会有这样的苦恼：同样的班级、同样的课程，自己的课堂与原任教师截然不同。例如，在自己的课堂中常出现学生过于活跃或学生过于沉闷、自己压不住台、调动不了学生学习热情的现象，甚至还会出现当没有指导教师在场时，自己的教学根本无法正常开展的现象。究其原因主要有两个方面：一是小学生（尤其是低年级学生）上课自控能力较差，注意力持久性差，十分容易走神，导致课堂秩序难以调控，教学效率不高；二是实习生无法全面把握课堂，较难组织好完整的课堂教学。因此，如何合理组织教学成为实习生在教育实习中需要重点学习和掌握的技能。

1. 了解学生

教师在上课时能熟记并且随时叫出学生的名字，学生就会感到自己受到了尊重，会自然而然地对教师产生亲切感和信任感。实习生在实习初期认识到了解学生、记住每一个学生的名字和特征的重要性，这对建立良好的师生关系和顺利开展课堂教学都有非常大的帮助。

案例 6-25

由学生的名字引起的"喜"与"忧"

湖南第一师范学院实习生　唐晓凤　祝双

由学生名字引起的"喜"：首先我请班主任给了我一份学生名单，然后记住学生的名字。这看似小事，其实在学生眼里是很重要的。如果记不住学生的名字，学生就会觉得自己在老师心中没有地位，觉得老师不关心自己，甚至会产生误会和隔阂。而后我便找了个机会认识全班同学，下课后，同学们都围着我叽叽喳喳地说："你怎么才来就知道我们的名字啊？好多老师教了一年都没记住我们的名字。"这也使我明白了，沟通是一种重要的能力，时时都需要巧妙运用一些技巧。认识一个人，首先要记住对方的名字；了解一个人，则需要进行深入的交流，而这些都需要自己主动去做。下课后，孩子们在经过我身边时，都会亲切地喊一声："祝老师好。"我听了心里美滋滋的。

由学生名字引起的"忧"：我按照教案进行了"道德与法治"的第一课时——"认识自己"。首先我进行了自我介绍，让学生对我有比较全面的了解。接下来，我让学生自我介绍，介绍自己的兴趣爱好、优缺点。在第一个学生做自我介绍时，其他的学生开始做自己的事或者小声说话，感觉好像与他们无关了。不一会儿，全班就闹哄哄的了。我要求学生安静下来，却没有一个学生配合我！我一下子就蒙了，该怎么做才能让学生安静下来继续上课？这时，我想起来在网络上看到的一篇文章《应对课堂纪律的技巧》，决定试一试其中的一些技巧。于是我不说话了，静静地扫视全班，一直盯着其中说话最起劲的两个学生。过了好一会儿，终于有学生发现不对劲了，马上坐得非常端正了。我看到有学生安静地坐好，就想表扬其中的几个。不说还好，一说又错了，我看到坐得端正的双胞胎姐姐张妍，本想表扬她的，结果张口就说："现在张娉（妹妹）坐得非常好！"姐姐立马说："唐老师，我是张妍！"全班哄堂大笑，我窘迫极了。

了解学生有很多种途径，这里提供一位实习生记住学生名字的创新方式。

案例 6-26

记住学生名字的好方法

湖南第一师范学院实习生　唐晓凤

为了把全班学生的名字一一记住，我可是花了不少心思。从一开始，我就打算先用手机拍下所有学生的照片，再输入名字保存。但是学生太多，有45个，我的计划以失败告终。后来，我把他们班的学生名单借过来，复制了一份，先把名字记熟了，再利用早读的时间到班上将学生和名字一一对应。花了几天的时间，我终于将他们的名字全部记住了，为以后上课做好准备。

2. 把握教学时间

一节课的时间一般是40分钟，如何发起，如何展开，如何结束，是课堂管理的重要内容之一。它关系到课堂各个环节先后顺序安排的合理性，也关系到时间分配的经济性，这些都将直接影响学生的课堂学习行为和学习效果。实习生应在课前仔细分析教学设计各个环节的合理性，在课堂上自己或请同伴记录各个环节的时间分配、师生活动时间、非教学时间等，课后对时间进行统计和分析。见表6-2。

表6-2　教学时间记录表

教学环节				
时间分配				
教师活动时间				
学生活动时间				
非教学时间				

课堂教学时间的统计分析可以主要从三个方面进行：

第一，计算教学环节的时间分配，分析教学环节时间分配和衔接是否恰当，有无"前松后紧"（前面时间安排多，内容松散；后面时间安排少，内容密度大）或"前紧后松"现象（前面时间短，教学密度大；后面时间长，内容松散），讲与练的时间分配是否合理，等等。

第二，计算教师活动与学生活动时间分配，分析是否与教学目标和要求一致，有无教师占用时间过多，学生活动时间过少的现象等。

第三，计算非教学时间，分析教师在课堂上有无脱离教学内容，做其他的事情，浪费宝贵的课堂教学时间等。

3. 制订并实施课堂规则

良好的课堂秩序是建立在合理而明确的课堂规则基础之上，并且是在课堂规则的生成与执行过程中实现的。没有适宜的课堂规则，就不会有良好的课堂秩序。

（1）制订课堂规则的要求

第一，课堂规则要明确。明确的规则应说清楚期望的行为是什么，不是什么，某种行为的出现会有什么结果，以便使学生能够在充分了解规则的基础上对自己的行为负责任。第二，规则内容以正面引导为主，条目应少而精，且符合学生的年龄特征，见表6-3。第三，规则表述应有弹性。规则的内容不是一成不变的，它可能随着时间的推移和实际情况的变化而增加新的内容或删减旧的内容。另外，如果一种惩戒方式对某些学生已经丧失其效果，则应斟酌其他的替代方式，所以在文字表述上应有可供调整的弹性。第四，师生共同制订课堂规则。建议在观察学生表现的基础上，有针对性地提出初步方案，并组织学生共同讨论。只有学生参与并认同的规则，才能更好地发挥约束学生行为的效力。

表6-3　课堂规则：从"否定"走向"肯定"

否定的语言	肯定的语言
上课时不要讲话和做小动作	专心听讲并积极思考问题
别去影响其他同学做作业	认真检查自己完成的作业，然后再……
不准迟到	下课后提前一两分钟做好上课准备
拿物品时不要争抢	物品人手一个，按队伍顺序依次领取
别在没举手时就说出答案	仔细思考，如果知道答案就赶快举手
考试时别东张西望、交头接耳	认真思考，独立完成考试
别把教室弄得一团糟	做完后检查自己周围的环境，把废物扔进废纸篓
别单独行动	这是小组集体完成的任务，多与其他同学交流，看能不能找到解决问题的最佳途径
做实验时要小心，否则会出问题	实验前认真听老师讲授实验要领，实验时按照操作步骤一步步地完成

（2）实施课堂规则的要求

第一，让每一位学生都理解规则。实习生可以通过贴在教室里、写在黑板上、开主题班会学习等方式让每一位学生都理解并牢记课堂规则。第二，规则面前人人平等。规则的实施要公平公正，无论教师还是学生都要一视同仁。当然，如有特殊情况也应照顾学生的个别差异。

4. 优化课堂教学

（1）营造民主和谐的教学氛围

"亲其师，信其道。"创设良好的师生关系，营造和谐的教学氛围，是顺利实施课堂教学的情感基础。如何建立积极的情感基础呢？教育家米·伊·加里宁说过：再也没有什么会比孩子的眼睛更能捕捉到一切最细微的事物了。[①]因此，教师的一言一行、一举一动，都是激活学生认知活动，增进师生情感交流的因素。作为教师，当进入课堂时就要抛弃私心杂念，甩开自身烦恼，集中精力，融入教育者的角色。小学生年龄虽小，但同样是有思想、有情感、有个性的社会个体，因此在教学中教师不可以随意指责、大声呵斥学生，相反地，应该尊重学生，用和蔼的目光、适宜的体态语传递关爱、信任和期盼的信息，以民主、平等、和谐的氛围唤起学生的情感共鸣，激发他们强烈的学习动机。试想，倘若教师每天板着面孔、不苟言笑，拒学生于千里之外，学生又如何与教师产生亲近感呢？

案例 6-27

如何让你们亲近我？
—— 一位实习生的心声

湖南第一师范学院实习生　黄连芳

一直以来，严肃、高高在上是我对教师的看法之一。但是现在，我终于体会到了作为一名教师真实的心境：教师最希望得到的并不是学生的畏惧和唯命是从，而是学生和自己的心灵沟通以及真心相待。

一个多月的教育实习，让我对班上的孩子们渐渐有了更深的了解。其实，他们都很单纯，很宽容，当然，也有很多孩子比较害羞。很多时候不是他们不关心，不在意，而是因为羞涩说不出口。这让我明白了一个道理，永远不要仅凭表面现象来揣测一个孩子的内心，只要真正地走近他们，了解他们，你就会发现很多东西其实很美好……

为了更好地教学，了解学生的学习情况，我要求学生每人给我写一份教学建议。在他们的建议中，我看到了大量这样的话语："希望老师以后经常微笑""如果

---

① 米·伊·加里宁. 论共产主义教育和教学 [M]. 2版. 陈昌浩，沈颖，译. 北京：人民教育出版社，1981.

老师经常笑的话，我们会更加喜欢上英语课""喜欢老师笑，因为笑起来很漂亮"等等。表面上我们一点也猜不透学生的心思，但内心里学生的想法其实和我们是一样的，希望每天微笑着学习。我想大部分学生还是想拥有一位像母亲一样温柔的老师，而不是一位像老虎一样凶狠的老师。微笑面对学生，学生也会报之以微笑。

一个嘴角上扬的弧度可以改变一片天空，微笑永远是人与人之间最简单、最美好的交流方式，不需要过多的情感表达，不需要任何的肢体动作，最真诚的微笑足以诠释一切。这一点我越来越确信无疑。真诚的笑容是与学生交流最有效的方式之一，同时他们回应的笑容也会为自己带来愉快的心情。笑容是可以传染的，确实如此。

（2）运用恰当灵活的教学方法

小学生主要以形象思维为主，有意注意时间短、不稳定。所以，在课堂教学中我们必须想方设法，根据教材特点、学生的个性和年龄特征，运用灵活多样的教学方法来激发学生的学习兴趣。

第一，变"静"为"动"。实习生可以凭借教材提供的信息，利用多种教学媒体，巧用富于变化的方法，对教学内容进行动态化处理。这样可以让学生在看一看、听一听、说一说、想一想、做一做、画一画、演一演等多种学习活动中积极参与，使之在课堂的有限时间和空间内，多读多说、多写多思、多听多做，实现眼、手、脑、口、耳"全频道"接收，达到帮助学生主动获取知识的目的。

案例 6-28

角色扮演，活跃课堂氛围
湖南第一师范学院第一附属小学　周余

在教学《西门豹治邺》一课时，周老师精心设计了一个情境：魏国的国君派西门豹去管理漳河边上的邺县。教师请了4位同学上台分别来扮演：西门豹、老大爷、巫婆和官绅。学生很快找到了自己的角色，入境入情地扮演开了。

生1：（扮成了西门豹）老大爷，这里紧邻漳河，灌溉田地如此便利，怎么成了这副模样呢？

生2：（扮成了老大爷）都是河神娶媳妇给闹的。河神是漳河的神，每年要娶一个年轻漂亮的姑娘。要不给他送去，漳河就要发大水，把田地全淹了。

生1：（扮成了西门豹）这话是谁说的？

生2：（扮成了老大爷）巫婆说的。地方上的官绅每年出面给河神办喜事，硬逼着老百姓出钱。每闹一次，他们要收几百万钱，办喜事只花二三十万，多下来的就跟巫婆分了。

生1：（扮成了西门豹）新娘是哪儿来的？

生2：（扮成了老大爷）哪家有年轻的女孩，巫婆就带着人到哪家去选。有钱的人家花点儿钱就过去了，没钱的只好眼睁睁地看着女孩被他们拉走。到了河神娶媳妇那天，他们在漳河边放一条苇席，把女孩打扮好了，让她坐在苇席上，顺着水漂去。苇席先还是浮着的，到了河中心就连女孩一起沉下去了。有女孩的人家差不多都逃到外地去了，所以人口越来越少，这地方也越来越穷。

生1：（扮成了西门豹）那么漳河发过大水没有呢？

生2：（扮成了老大爷）没有发过。倒是夏天雨水少，年年干旱。

生1：（扮成了西门豹）这样说来，河神还真灵啊。下一回他娶媳妇，请告诉我一声，我也去送送新娘。

到了河神娶媳妇的日子，漳河边上站满了老百姓。西门豹带着卫士，真的来了，巫婆和官绅急忙迎接。那巫婆已经七十多岁了，背后跟着十来个穿着绸褂的女徒弟。

生1：（扮成了西门豹）把新娘领来让我看看。

生3：（扮成了巫婆，领来了新娘。）

西门豹一看，女孩满脸泪水。

生1：（扮成了西门豹，对巫婆说），不行，这个姑娘不漂亮，河神不会满意的。麻烦你去跟河神说一声，说我要选个漂亮的，过几天就送去。（并叫卫士架起巫婆，把她投进了漳河。）

生3：（扮成了巫婆，在河里扑腾了几下就沉下去了。）

生1：（扮成了西门豹，对官绅的头子说）巫婆怎么还不回来，麻烦你去催一催吧。(又叫卫士把官绅的头子投进了漳河。)

生4：（扮成了官绅，一个个吓得面如土色，跪下来磕头求饶，把头都磕破了，直淌血。）

生1：（扮成了西门豹）起来吧。看样子是河神把他们留下了。你们都回去吧。

百姓都明白了，巫婆和官绅都是骗钱害人的。从此，谁也不敢再提给河神娶媳妇，漳河也没有发大水。

西门豹发动老百姓开凿了十二条渠道，把漳河的水引到田里。庄稼得到灌溉，年年都获得好收成。

第二，变"单一"为"多样"。一是变单一的"千课一面"的教学模式为因科目、因课程、因需制宜的多样授课思路，使课堂教学保持一定的神秘感，从而激起学生主动求知的欲望。二是变单一的个体学习为多样的个体、小组、集体学习相结合的课堂参与形式。如果能够在个体学习的基础上，再进行同桌或分组、集体学习，那么就更能满足学生的情感交流需求，引发同伴间的思维碰撞。

（3）提出明确的学习要求

通常，在课堂上，教师要给学生布置一些学习任务，比如让学生看书、观察、讨论、倾听、思考、做练习等。针对每一项学习活动，教师都应该对学生提出明确而具体的要求，然后根据要求对学生的学习活动进行监控并随时给予指导。在这一点上，有些实习生注意不够，做得不够好。比如，让学生参与活动，但实习生只布置活动的方式，而对于具体的操作不提详细要求。由于要求不明确，学生就会出现各种情况，有按照自己的理解很快参与活动的，有四处张望的，还有交头接耳的……这样做的结果是造成教学效率低下和课堂秩序紊乱。在遇到这种情况时，实习生应该明确活动要求、指导到位，针对不同学生的情况，分别给予必要的指导。

案例6-29

What's your job?

湖南第一师范学院实习生 龚晴

某实习生在讲授四年级英语课程 Unit3 "What's Your Job" 的过程中，采取了让学生分角色表演对话的教学方式。

S1：Hello, what's your job?

S2：I'm a policeman. What's your job?

S2：I'm a nurse.

（在表演后，学生走下讲台，老师叫住学生。）

T：你知道她叫什么名字了吗?

S：（不知道的表情。）

T：再来一遍!

S1：What's your name?

S2：I'm Lucy, what's your job?

S1：I'm a nurse, what's your job?

S2：I'm a policeman.

（学生走下讲台，再次被老师叫住。）

T：他刚知道了你的名字，那你知道他叫什么名字了吗?

S2：（吐舌头，说明不知道。）

T：再来一次!

…………

案例中的实习生设计了学生分角色表演对话的环节，其教学目标是要学生熟练运用 "what's your job?" 这个句型，并完成一段完整的对话。但由于实习生并未向学生明确表达做对话表演的目的和标准，因此在学生的理解中，练习的目的就是练习句型，与其他无关。在不知道实习生想让自己完成什么样的对话，或者说在学生不知道实习生预期的对话的标准是什么的前提下，学生在表演时反而会觉得无从下手，既紧张又无助，最终草草应付了事。实际上，实习生应该先为学生做一次示范，通过示范向学生传递这样的信息——我的要求是想让你们练习一次自然、完善、翔实的对话，这既是在操练句型，又是在练习口语交际能力。

（4）采用切实有效的激励方式

在日常的课堂教学中，有些实习生对学生的发言只作简单评价（如"不错""对了""真棒"等），或不作评价；也有些实习生对学生发言作由衷的鼓励评价，或诱导引申。事实上，每一名学生，尤其是低年级学生，都渴望自己所取得的点滴进步能够得到教师的认可和表扬。学生的这种需要能否得到满足，将直接影响其学习的动力、自信心及主动参与度。因此，实习生可以采取切实有效的激励方式，充分运用语言、体态、暗示等多种激励措施，激发学生的求知欲望。

第一，多层目标激励。以课程标准和教材为依据，根据学生的个体差异，制订适度而有层次的教学目标，提出学生客观参与的下限标准，使各个层次的学生都能够充满主动求知和上进的动力。

案例 6-30

我想让你"开口说英语"

湖南第一师范学院实习生　郭永红

我在自己的第一次英语教学中发现：有一个叫郭××的小男孩总是不敢开口讲英语，在课上一直低下头不敢看我，全班一起读的时候也不敢大声读出来。下课后我单独找到他，鼓励他大声地说，告诉他就算说错了也没有关系。可是，这样做的效果并不理想，并且这个时候其他学生也围了上来，十多双眼睛都盯着他，"老师，他是我们这里最笨的学生！""老师我告诉你他总是留校"……听到同学们对他的讽刺，我才知道我的那句"你一点儿都不笨"显得是那么无力，被同伴嘲笑一定很难堪。

在上第二次课时，我决定为他制订特别的学习目标——能够开口说英语。当看到他没有参与小组活动时，我走下讲台。他看着我一步步走向他，眼睛澄明，很好，他没有躲开我。我蹲下身子问他："我们两个来打招呼好吗？老师带你去外国，我们现在在街上碰到了，你该怎么与我打招呼呢？"郭同学似乎是对外国有了兴趣，他慢慢地开了口，而且读音也是准确的，同时我也继续鼓励他慢慢来，不用着急。没想到，他竟然与我完成了一段完整的对话。我很高兴，直接邀请他到讲台上，在同学们的面前和我一起进行对话表演。结束后，我把他的手举起来，夸赞他刚才的"演出"。同学们也在我的带领下为他鼓掌，他愣了一下，然后笑了……

在这位实习生的课堂中，郭同学没有被排除在课堂之外或者处于课堂的边缘。这说明有了教师的关注和引领，学生能够建立信心，有效地参与课堂教学活动。

第二，多样竞争激励。小学生普遍具有争强好胜的学习心态，愿意向他人炫耀自己的成绩。据此，教师可以设置读、写、背、做、画等比赛项目，看谁记得快、比谁写得好、听谁的方法最优等，促使学生积极投入到学习活动中。

案例 6-31

比一比，哪个组最优秀？

湖南第一师范学院实习生　何敏

八九岁的小孩子很好动，并且我带的两个班男女比例不协调，班上总共40多个人，男生就占了一半多，纪律特别难管。课堂上开小差、做小动作的学生较多，我总要喊破喉咙去维持课堂秩序。还有一个比较严重的问题：当指导教师在后面听课的时候，班上就很安静，没有学生敢说话、开小差。但是，一旦指导教师不在，班上就闹哄哄的。指导教师建议我开展组与组之间的比赛，哪一组表现好就得一面小旗子，最后比一比哪一组得的旗子多。获得最多旗子的小组不仅能获得全班的表扬，还能获得老师的神秘礼物。这种方法立竿见影，现在课堂上开小差、做小动作的学生少了，课堂秩序好多了。

第三，多种评价激励。实习生可以分层评价，用不同的评价标准评价不同层次的学生；可以横向评价，即在同一时间内，对同一个学生的多种表现进行评价；可以纵向评价，对同一个学生在不同时期内的表现给予评价；可以相对评价，以同层次不同学生的表现作为评价的参照。不管哪一种评价，实习生都需要满怀真诚，在评价时力争具体、客观，切实给予学生进步的激励和信心。

案例 6-32

评价语还可以这样说

湖南第一师范学院附属小学　曾新

当有学生爬到座位上讨论的时候，可以这样说：这位同学很激动，但就是姿势不够优美。

当有学生站起来回答问题但声音很小的时候，可以这样说：这位同学说话很温柔，再请一位大嗓门的同学来说说吧！

当有学生说自己1秒就能读完一篇课文时，可以这样说：看来你的语速很快哦。

当有学生说自己1秒能读很多单词的时候，可以这样说：看来你是一位英语爱好者。

当有个别学生很激动，说话太大声时，还可以这样说：请别露出你的门牙，不然就不好看了。

这样简单的评价语言，让整个课堂的气氛非常和谐，让学生充满活力。

5. 预防和处理课堂问题行为

课堂问题行为是指在课堂中发生的违反课堂规则、妨碍及干扰课堂活动正常进行或影响教学效率的行为。课堂问题行为是教师经常遇到而又非常敏感的问题，处理不好就会损害师生关系，破坏课堂气氛，影响教学效率。

（1）课堂问题行为的类型

根据奎伊等人的研究，课堂问题行为可以分为人格型问题行为、行为型问题行为和情绪型问题行为。人格型问题行为带有神经质特征，常常表现为退缩性行为。例如，有的学生在课堂上忧心忡忡，不信任教师，害怕教师提问和批评；有的学生不信任自己的能力，缺乏信心和兴趣；有的学生在教室里焦虑不安，心神不定，常常手足无措，答非所问；等等。行为型问题行为主要具有对抗性、攻击性或破坏性等特征。例如，有的学生缺少耐心，容易冲动，不能安静；有的学生多嘴多舌，交头接耳；等等。情绪型问题行为主要是由学生过度焦虑、紧张和情绪多变而导致社会障碍的问题行为。例如，有的学生漫不经心，冷淡漠视，态度忸怩；有的学生过分依赖教师和同学，不敢擅自做决定，不能独立完成作业；等等。

（2）课堂问题行为的成因

课堂问题行为不单是学生自身的问题行为，而是各种问题的综合反映。总体而言，课堂问题行为的产生主要有以下三个方面的原因：

第一，教师的因素，主要表现为错误的观念指导（如期望过高、给学生很大的压力、重智轻德、总想控制学生的思维、教师至上等）、管理失范（如对于课堂违纪行为放任不管、对于潜能生放弃管教、对学生行为作出过度敏感的反应、滥用体罚等）和教学水平低下（如提问不明、指令不清、语言错误、方法单一等）。

第二，学生的身心因素，主要表现为性别差异、生理障碍、心理缺陷、个性问题。首先是性别差异。相对于女孩来说，男孩好动，自我控制能力差，注意力不集中，容易出现外向性问题行为；而女孩的外向性问题行为则相对少一些。其次是生理障碍。生理上的障碍容易使学生出现问题行为，如视、听、说方面的障碍，发育期的紧张、疲劳、营养不良等。再次是心理缺陷。心理缺陷也是导致学生问题行为的重要原因，它主要反映在情绪焦虑、应对挫折等方面。例如，焦虑会使学生灰心丧气、顾虑重重；挫折会引起学生的情绪波动。最后，学生个性方面的问题也会导致问题行为，过于内向的学生容易出现退缩性行为，过于外向的学生容易出现攻击性行为。

第三，环境的因素，包括家庭、课堂内部环境、大众媒体等方面的影响。例如，家庭不稳定的学生容易出现自制力差、易冲动的现象，以及出现对抗性逆反行为或孤僻退缩、烦躁不安；教室内部温度太高、墙壁画面太多、教室过分拥挤等都容易导致问题行为。

（3）课堂问题行为的预防

学生的问题行为，有的是出于无知，有的是出于故意，有的则是出于不慎。因此，最好的课堂管理就是采取先行控制，在问题行为出现之前，实施预防性管理，避免或减少问题行为出现的可能性。

第一，确立学生的行为标准。建立课堂规则并具体实施，让每一个学生都清楚什么行为是好的、什么行为是不好的，哪些行为是可以被接受的、哪些行为是不能被接受的。

第二，促成学生形成成功经验，降低挫折水平。学生的成功经验通常会激发他们的愉悦情绪，降低挫折水平，从而避免或减少问题行为发生的频率。因此，教师要确保学生在课堂活动中能够获得适当的成功率，尤其是要将课堂活动规划在既不太容易也不太难的适度范围内。

第三，保持建设性的课堂环境。良好的课堂环境不仅可以减少产生问题行为的可能性，而且可以消除许多潜在的问题行为。首先，要保持课堂环境的整洁和优雅，增强课堂成员的秩序感、责任感；其次，要科学合理地安排、调整学生的座次；最后，要准确地把握课堂的情绪环境。

（4）课堂问题行为的处理

对于课堂中已经出现的问题行为，实习生要善于选择适当的策略来有效地制止。这些策略既不能影响课堂教学的正常进行，又不能伤害师生关系的和谐，更不能伤害学生的身心健康。

第一，消退策略。依照行为主义的强化理论，当消除强化时，个体的行为就可以被消除或降低。教育心理学家将这一原理运用于课堂教学管理中，并称之为消退策略。该策略可以有效地消除学生的许多干扰行为，尤其是对于那些试图使用干扰行为吸引教师注意或对教师进行"限度检测"的学生来说，教师的干预往往成了对其行为的"奖励"并强化了这种行为。因此，如果学生的问题行为不严重，或对其他学生不会造成干扰，那么就可以选择忽略它，或暂时推迟干预的时间。在忽略问题行为的同时，实习生要对问题行为学生附近的另一个学生的正确行为予以正面强化（如表扬或表示关注），让违纪学生意识到他该怎么做。例如，当一个学生总是想通过发出奇怪的声音来引起教师或同学的注意时，教师应当忽略他的行为并转向他旁边正在听讲的学生，表扬听讲学生的专注和认真，这会让那个违规的学生得到潜在提示：如果想得到教师的关注，就必须认真听讲。

实习生也许会发现，消退策略有时会助长学生的问题行为，有时还会使其成为负面榜样，让其他学生效仿。因此，教师在课堂中应当坚持前后一致地忽视某些行为，并配合强化正面行为的方法，以期尽快消除学生的问题行为。

第二，暗示策略。一旦课堂问题行为超出一定限度，教师就需要采取措施迅速地予以解决，以保证课堂活动的顺利进行。课堂管理中的暗示是指在师生无对抗情绪的条件下，教师用间接、含蓄的方式巧妙地对学生的心理和行为施加影响，从而使学生产生积极的心理和行为反应的教育方法，包括言语性暗示和非言语性暗示两种。言语性暗示的主要实践方式有特殊的语气、语调、一语双关、幽默等。由于这种方法的使用对教师能力有很高的要求，且容易被学生理解为挖苦、讽刺或分散全班注意力，因此建议教师多选用非言语性暗示，既能节约时间，又能达到较为理想的效果。有研究者发现，优秀的课堂管理者有95%的时间使用非言语性暗示来制止学生的捣乱行为。

非言语性暗示主要有以下四种方式：

一是眼神注视。当学生意欲违反课堂纪律时，他们总会先"侦察"一下，看看教师是否可能或正在注意自己。因此，只要教师注视一下学生和他手中的课本，便能给学生警示，打消其捣乱的企图。

二是触摸或用体态语言。对小学低年级的学生来说，触摸非常管用。当学生就在自己的身边时，教师只需轻轻拍一拍他就能达到理想的管理效果；而对于年龄较大的学生则不宜使用触摸的方式，而应用摇头、点头、挥手等方式来传递信息。

三是走近。如果学生知道他们应该做什么，那么一旦教师走近他们，他们就会产生一种紧张感，尽快进入学习状态。

四是短暂停顿。在授课时短时间停顿、放慢语速、一字一句地讲话，并配合以眼神的交流，能有效地促使学生修正自己的行为。对那些企图引起教师注意的年龄稍大的学生，这种方式往往比消退策略更有效。

第三，直接纠正策略。学生的课堂问题行为继续升级，在对其行为进行惩戒以前，教师有必要向学生正面指出什么才是正确的行为。

教师直接干预学生的问题行为有两种方式：一是向学生提出恰当的行为要求。这类要求应简洁、明快且语气坚定，并需要点出学生的名字，指明他们应该做什么，而不要去描述那些不好的行为。如"×××，看这儿"就比"×××，别讲话，认真听讲"要好得多。二是提醒学生应遵守的规则以及教师有什么样的期望。教师对规则的提醒和对期望的陈述有助于学生接受自己对问题行为所应负的责任，从而控制和调整自己的行为。当然，教师的陈述同样应遵循简洁、坚定的原则。

第四，惩戒策略。许多教育心理学家认为，惩戒是课堂教学管理中万不得已的最后一种方法，其原因在于惩戒本身并不能教会学生教师所期望的行为，并且在进行惩戒时教师会注意到不良行为。已有研究表明，集中注意力关注良好行为比关注不良行为更具有教育意义。但是，少量且方式适当的惩戒有时也是必需的。这里简要介绍几种合理的惩戒方式。

一是责备。在学生心目中，教师占有一个不可或缺的地位。因此，教师的责备对学生来说无疑是一种惩戒。教师对学生的责备应在直接纠正策略失效后再实施。同时，其实施频率不可过高，否则教师的责备会在学生心目中变得毫无分量。首先，为减少学生的对立情绪和"爱面子"的举动，教师应私下找学生谈话，而不应当着全班的面训斥他们。其次，教师应质问学生是否了解自己的所作所为以及为什么这样做；让学生明白为什么这种行为是不对的，并让学生承诺改正，甚至可以给学生示范正确的行为方式。最后，教师警示学生继续错误行为的后果，让他们明白这种行为的害处。①

二是重复改正。当一个学生违纪时，教师可以让学生重复地做正确的行为，也可以要求学生对自己的错误行为进行补偿。教师在让学生修正错误行为时应具体指明正确行为的步骤，并提出要求，而不要用诸如"做得不好""不行，重做"等否定性且不具有任何建设意义的指令。否则，学生会认为教师是在故意刁难或报复，容易产生对抗情绪。

三是暂时隔离。暂时隔离，即把学生带离强化其不良行为的情景。对于较严重的问题行为者，教师可以用该方式防止问题行为升级，同时将其排除于大家的注意力之外，从而保证课堂教学顺利进行。运用该方式应遵循以下几条原则：第一，隔离时间不能过长，以5~12分钟为宜。第二，在暂时隔离期间，学生必须被隔离，且不可以与其他学生接触。有时教师采用让学生到教室后面罚站的方式，结果往往导致问题行为者干扰后面学生的学习。第三，在暂时隔离时间结束后或学生已经做出正确的行为时，教师以要求学生指出自己的错误及如何改正为条件，允许学生返回课堂继续学习。第四，作为惩戒，学生必须利用课余时间弥补欠缺的功课和作业，以了解问题行为的后果。

6. 发挥教学机智

教学机智是教师在面临复杂教学情况时所表现的一种敏感、迅速、准确的判断能力。例如在处理事先难以预料而又必须特殊对待的问题时，以及对待处于一时激情状态的学生时，教师所表现出的问题解决能力就可以称为教学机智。尽管教学机智是瞬间的判断和迅速的决定，但它往往是教师在教学过程中面对特殊的教学情境最富灵感的"点睛之笔"。教学机智对教师来说既是教学经验的体现，更是教学智慧的迸发。当然，教学机智对于实习生来说往往是一种严峻的挑战。

（1）处理教学失误的机智

课堂教学是一种极其复杂的劳动，尽管教师已认真做好了准备，但仍不能避免出现一些意想不到的失误。出现失误并不可怕，尤其对于实习生而言更是如此。当出现教学失误时，关键在于教师如何随机应变，如何正确地对待和处理这种失误。这就需要教师沉着冷静，克服紧张情绪，可以借机施教，用自己的失误引导学生，利用教学机智化解矛盾。

---

① 郭成. 课堂教学设计［M］. 北京：人民教育出版社，2006：340.

案例 6-33

"高粱"写错了，怎么办？

湖南第一师范学院实习生　许磊

有位教师在上公开课的时候，由于紧张，把《北大荒的秋天》一文中的"高粱"二字写成了"高梁"。一位学生站起来吃惊地说："老师你错了，'高粱'的'粱'底下是'米'。"这时教师看了一眼自己写的字，马上意识到了自己的失误。当时坐在下面的听课老师都为其捏了一把汗，但只见这位教师依然面带微笑，神情自若地说："这位同学说得非常正确，看来同学们看得都很仔细。以往老师在教授这个字时，有不少同学会犯同样的错误。"接着教师又问："你们知道'高粱'的'粱'字为什么下面是'米'吗？"学生们七嘴八舌地回答："因为'高粱'是粮食，所以是'米'。"接着，这位教师强调："对，同学们分析得很有道理，'高粱'是粮食的一种，所以下面是'米'字；而这个'梁'是栋梁，栋梁是一栋房子最重要的支撑点，是用木头做的，所以下面是'木'字。大家记住了吗？以后可不能再犯和老师同样的错误哦！"

就这样，这位教师运用自己的教学机智化解了一场课堂危机，既挽回了自己的"面子"，也使教学收到了意想不到的效果。

（2）处理学生失当行为的机智

学生失当行为有吵闹、打架、摔文具等，其中"恶作剧"是最常见的失当行为。如男同学在女同学文具盒中放入苍蝇、虫子，在同学起立时挪开凳子，往前座同学背上贴纸捉弄人，等等。面对这种情况，教师要镇定从容、迅速果断地采取相应的对策化解问题，摆脱窘境。

案例 6-34

实习教师从后门进来之后……

湖南第一师范学院实习生　吴强

有一次上课铃声响后，我匆匆拿着书本去上课，到了教室门口才发现门紧关着，用力推也没推开。后来才知道是两个调皮生正在门口打闹，把门给抵住了，上课了也没听见铃声。我转身从后门走进教室，教室里顿时寂静无声，学生们大气都不敢出。他们都在等待"电闪雷鸣"的到来，特别是打闹的两个学生，更是战战兢兢。当时我确实很生气，但我选择了幽默的话语，化解了当时的矛盾。我说："当今社会上的确有很多人喜欢走后门，但我不喜欢，今天是个例外，以后我坚决不走，也希望同学们不要再让我走了。"学生们一下笑了起来，紧张的气氛也缓和下来了。课堂幽默运用得好，不仅能使自己摆脱窘境，拉近与学生的距离，增进师生感情，而且能使学生在有意与无意之间受到认知震撼，由此产生学习热情和动力，进而积极主动地掌握知识和增长智慧。

（3）处理教学环境突变的机智

教学环境突变是指外来干涉事件的发生导致课堂教学环境的不协调，它不是由学生引起的，而是由外界某些偶然因素的干扰引起的。对于这类事件的处理同样需要教师运用教学机智。

案例 6-35

小鸟和蝴蝶来了之后……

葛丽霞

在上课时，一只小鸟突然闯进教室，学生们顿时哗然一片。这时教师可以说："你们看，小鸟也来看大家上课来了，它要来看看班里有哪些孩子最会听课。"或者教师可停止上课，让学生们观察小鸟是经过怎样的努力才飞出教室的。这样也能让学生们收集写作或说话的素材。这种方式比强行制止，大声喊"请认真听讲"等方式效果要好得多。

有位教师也遇到了类似的突发情况。当他在给学生们上课，学生们正听得津津有味时，从窗外飞进了一只美丽的蝴蝶，学生们的注意力立刻被蝴蝶吸引了。看到这种情况，教师没有强硬地让学生认真听课，他采取了借题发挥的方法提问："同学们，蝴蝶为什么向着你们翩翩起舞？"学生们被问住了。这位教师接着说："蝶恋花嘛，因为你们是祖国的花朵。"这下，学生们脸上都露出了会心的笑容。教师又问："祖国的花朵应该怎样呀？"全体学生一齐回答："好好学习，天天向上。"于是，课堂上很快就恢复了正常的教学秩序。

（4）处理学生疑问的机智

教师在进行课堂讲解、提问、组织讨论时，学生们可能会提出他们感到困惑的问题，这些问题往往都是开放性的，常常是教师事先没有考虑到的问题，而且这些问题难度一般较大，甚至一时难以回答。这就要求教师不仅要具有良好的知识修养，还要具备灵活地运用知识、机智地处理问题的能力。

案例 6-36

周老师的"桥"

湖南第一师范学院第一附属小学　周余

周老师在教《桥》一课时，鼓励学生通过品读描写老支书的神态、语言、动作等的语句感受老支书的人物形象。这时，一个小男孩举手发言："周老师，刚才我们品读文章中的语句时，留给大家印象最深的是老汉的形象，那么作者为什么要用'桥'为题，而不用'老汉'为题呢？"一石激起千层浪，学生们七嘴八舌地议论起来，"是呀！为什么要用'桥'为题呢？"这句话不仅使课堂的气氛骤然变化，还使教学陷入了"困境"。只见周老师先是一笑，然后说："课文为什么要用'桥'为题呢？老师先不告诉大家，请同学们以小组为单位讨论讨论。"一个看似简单的追问，使课堂气氛顿时又活跃起来。学生们你一言我一语，最后周老师在学生们的回答中总结道，这是危难时刻老支书为群众抢得生机的希望桥，是老支书和儿子忠于职守、舍己为人的生命桥，他用共产党员的信念和一个父亲的爱筑起了一座不巧的桥梁，这座桥永远留在村民们的心中。

在课堂上，教师随时会遭遇被学生问倒或有学生"唱反调"的突发情况。这个时候，不少实习生会选择"高挂免战牌"，或是"回避肃静"，这也就算"机智"地应对过去了。但案例中的周老师则不然，他没有轻易向学生"屈服"，而是来了个"回马枪"，这一问使得课堂"峰回路转""绝处逢生"，真是一个"无法预约的精彩"啊！

案例 6-37

小女孩的妈妈去了哪里？①

在讲授《卖火柴的小女孩》时，我原本的教学思路是引导学生抓住小女孩五次擦火柴后出现幻景来理解内容，从而加深学生对资本主义国家底层民众生活困难的了解，揭露资本主义的罪恶。但是，当学生讨论到小女孩擦燃火柴看到奶奶时，一位女同学站起来说："课文为什么说奶奶是唯一疼爱她的亲人？我想应该是妈妈最疼爱自己的女儿了，小女孩的妈妈哪里去了呢？"这个问题的提出，出乎我的意料，因为课文中对妈妈的描写很少，只在开始部分"小女孩穿着妈妈的拖鞋"时出现了一次，我在备课时确实没有注意这个问题。但我马上意识到：这个问题闪现着学生的智慧火花，千万不能错过这个机会，要抓住机会启发学生的思维。"是呀，小女孩的妈妈哪去了？小女孩为什么看不到妈妈呢？"学生们在我的引导下，展开了合理的想

---

① 齐兆生，史秀玲. 课堂"失序"的意义与调控 [J]. 小学教学研究，2005（7）：4-5.

象："妈妈外出给富人打工去了""小女孩刚出生不久，妈妈就病死了"等，学生们的想象都道出了社会的黑暗，在讨论中对课文的理解更深透，课堂变得更精彩了。

案例 6-38

"榴莲"用英语怎么说？

湖南第一师范学院实习生　彭城

某英语教师教授一年级的英语口语课程。这节课的教学目标主要是教学生学会几个关于交通工具的简单词汇。上课刚开始，教师带领学生复习上节课所学的几个关于水果的单词。

T：Who can tell me some words of fruit?

S：Apple, banana...

S：Orange, pear...

（某学生喊道）"老师，我喜欢吃榴梿，榴梿怎么说啊？"

"老师我喜欢吃菠萝！"

"我喜欢吃枇杷，这个怎么说啊？"

（教师满脸尴尬，显然是没准备这几个英文单词。）

"我们现在只说学过的单词啊，好了，看来大家都掌握得不错，我们这节课来学些交通工具！Now, turn to page 8."

在上课过程中，坐同桌的两位学生忽然开始争吵，一位学生说同桌踢他书包，另一位学生说同桌推自己桌子，双方争执不下，全班学生的注意力都被他俩吸引了过去。

"现在是不是上课时间？"

"嗯。"

"上课时间你们在干什么？都给我到墙边站好了！"

两位学生不情愿地相互白了一眼，站到后面去了。

…………

一位合格的教育工作者，既要会教书，又要会育人；既要完成计划内的工作，又要随时做好准备解决突发状况。实习生不要轻易认定学生是故意捣乱，更不要动不动就发脾气，采取简单呵斥、罚站之类的处理办法。这样维持课堂教学秩序表面上看起来有效，但对课堂气氛、师生关系的影响很大，对教学效果也有直接的负面影响，因而是不可取的。实习生在面对学生提出的疑问时，可以采用以下几种方式：第一，就提出的疑问展开讨论，前提是提出的问题有一定的价值；第二，鼓励学生回去查资料；第三，当场作答。实习生无论采用哪一种方式，都应该根据实际的课堂情况来决定。

（五）做好课堂小结

编篓编筐，重在收口。一堂好课既要有有效的导入，也要有精彩的收尾。良好的课堂小结能够引发学生的思维碰撞，产生画龙点睛、余味无穷、启迪智慧的效果。很多教师常因为临近下课时间来不及进行课堂小结，就随意地用几句话一带而过，或是让学生说一说"这节课你学会了什么？有什么新的收获？还有什么问题？"。千篇一律的总结形式无法提升教学效果。如何精心设计出精彩的课堂小结来提高课堂教学的效果？下面介绍几种常用方式。

1. 总结归纳式

总结归纳式小结，是指教师在小结一节课的教学内容时，运用准确、简练的语言，提纲挈领地使新知识在学生大脑中经过信息编码而"定格"。针对小学生求知欲旺盛、好奇心强等心理特点，教师在课堂小结时根据教学内容提出问题，激发学生想知道答案的兴趣，将所学知识进行归纳、整理，使之系统化。有时教师还可以把所学知识编成口诀让学生朗读和记忆。

案例 6-39

"连续两问应用题"的课堂小结

湖南第一师范学院实习生　覃芳

在教授"连续两问应用题"时，教师可以提出这样的问题对课堂教学加以归纳和小结。

1. 今天我们学习了什么？（连续两问的应用题）

2. 连续两问应用题与以前学的应用题有什么不同的地方？

提问说明：（1）题中问题多了，解答步骤也多了；（2）解答时要先解答第一问，然后解答第二问；（3）解答第二问时，要利用前边计算出的结果作为一个条件来列式；（4）两问都要写答案。

使用提问进行总结归纳式小结，锻炼学生用准确、简练的语言将新学内容进行概括，同时帮助学生整理思维，加深对新知识的理解。

案例 6-40

口诀式的归纳总结

湖南第一师范学院实习生　谭斌

在进行"除数是小数的除法"教学后，教师可以这样帮助学生进行归纳小结：

"外移几，里移几，方向一致要注意；里缺补'0'莫忘记，上下点点要对齐。"

又如在进行"异分母分数加减法"小结时，解题步骤可以归纳为五步走口诀：一看（看清题目是同分母还是异分母）、二通（通分）、三算（计算）、四约（结果能约分的要约成最简分数）、五化（结果是假分数的要化成带分数或整数）。

2. 串联比较式

教学不仅要"授人以鱼"，更要"授人以渔"。教师要引导学生学会比较学习的方法，激发学生从知识的广度和深度两个方面加深对新知识的理解。这样有助于提高学生的分析概括能力，有利于调动学生的学习积极性和主动性，有利于学生的智力发展和思维能力的培养。教师可以将本节课和其他类似的课进行比较小结，抓住它们的相同点和不同点，让学生对本节课的教学内容和其他类似的内容进行区分，加深学生对本节课堂所学的内容的理解。

案例 6-41

比较异同的总结

湖南第一师范学院实习生 刘星

当教师把"求一个数是另一个数的几倍的应用题""求一个数的几倍是多少的应用题"都已教完时，可以把它们放在一起进行比较，鼓励学生找出它们的不同点，对二者加以区分，让学生对这两类应用题有清楚的认识，达到教学目标，提高教学效果。

3. 巧设疑问式

巧设疑问式小结，是指在课堂小结时提出有一定难度的问题，这个问题可以是本节课内容的延伸，也可能与下节课内容相联系，让学生带着疑问结束一节课的学习，从而激发他们主动探索的兴趣和急于知晓的求知欲。

案例 6-42

巧设疑问 总结教学

湖南第一师范学院实习生 张雨欣

当学生学完年、月、日的概念后，教师可以出这样一道题："小明现在6岁了，可他才过了两次生日，请问他是几月几日出生的？"一般来说，小明应过六次生日才对，可他为什么只过了两次生日呢？教师巧设悬念，激发学生的好奇心，促使学生回忆今天所学新知，寻找答案。这种课堂小结既增强了学生的学习兴趣，又促使学生主动探索。

巧设悬念、立疑激趣的启迪式小结，旨在制造悬念，激起学生的求知欲，使之盼望"且听下回分解"。教学不应是倾箱倒筐式的，而应要教有余地，教有余味，促使学生积极思考。

4. 活动激趣式

教育心理学指出，所有智力方面的工作都要依赖兴趣。托尔斯泰也曾说过，成功的教学所需要的不是强制，而是激发学生的兴趣。兴趣是学生主动学习、积极思维、探求知识的内在动力。在小学课堂教学中，教师可以通过活动的方式来激发学生的兴趣，主要包括游戏、竞赛、讲故事、猜谜语、音乐赏析等活动方式。

案例 6-43

游戏活动总结，激发学生兴趣

湖南第一师范学院实习生　刘玲

在教学"用4的乘法口诀求商"这一课时，教师可以让学生用摆正方形的方法小结本节课的所学内容。即教师报题"12÷4"，学生取出12根小棒迅速摆出3个正方形；教师又报题"16÷4"，学生取出16根小棒摆出4个正方形……这样将课堂小结有机地融入游戏活动中，使学生在新颖有趣的游戏活动中，不仅放松疲惫的身心，而且巩固所学知识，使枯燥乏味的除法计算变得生动有趣，极大地增强了学生的学习兴趣，收到了"课已完，趣犹存"的效果。

案例 6-44

案例阅读："大月与小月"的故事

故事讲述，激发兴趣

湘南学院附属小学　王伟红

在"年、月、日"教学中，课堂小结适时引用了大月和小月的故事，学生们很感兴趣，都在认真地听，一下子就牢牢记住了一年里的大月和小月。

5. 情感渗透式

新课程改革强调，教师在教学的过程中不仅要关注知识与技能的传授，更要关注学生情感态度与价值观的培养。因此，教师在教学时一定要注意把知识的掌握与思想品德教育有意识地、恰当地结合起来，做到在知识教学中自然、适时、适量地渗透情感、品德的教育。

案例 6-45

课堂小结时的情感升华[①]

湖南第一师范学院实习生 李浩

在教学人教版教材小学三年级音乐上册第五课《唱给妈妈的摇篮曲》时，一位教师在学生掌握了这首歌曲之后，给学生讲述《天亮了》的背景故事：2000年秋，有一队广西游客到贵州兴义马岭河峡谷风景区游玩，在乘坐缆车时出现意外，造成5死11伤，其中一个家庭在缆车下坠的时候，父母用手高高托起年仅2岁的儿子，使儿子成为幸存者，但他们自己却离开了人世。故事结束后，这位教师请学生欣赏《天亮了》这首歌曲，在欣赏的过程中教师发现绝大部分学生都感动得流下了眼泪。当他们再次唱起《唱给妈妈的摇篮曲》时，歌声是那么温柔，那么甜蜜，那么有感情。

6. 交流评价式

课堂教学应该给学生足够的时间和空间去思考和活动，同时要让学生有机会去畅谈自己对课堂学习的体验、感受和收获，有机会表达自己的困惑和喜悦，提出建议和见解。因此，教师在课堂小结中应关注学生的感受和体验。这种小结是开放的，不仅关注学生的学习结果，而且关注学生学习中的体验和感受，关注学生的情感态度与价值观。

案例 6-46

给自己的学习打分[②]

在教学"平均数"后，一位教师非常想了解学生对整节课的学习感受，于是就提出了以下问题。

师：这节课快结束了，老师想了解一下同学们这节课的学习情况，请大家给这节课的学习打个分好不好？要说明理由。满分为10分。

生1：我打10分，因为我不仅了解了平均数的一些特征，更重要的是我知道将来在选择工作时要注意些什么。

生2：我打9分，因为这节课学习很开心，没有感觉累和乏味。

生3：我也打9分，因为这节课的知识实在太有趣了，我想再学下去，但马上就要下课了，有点遗憾。

......

---

① 高扬. 谢幕，让精彩继续：小学音乐课堂小结方法的探索与实践 [J]. 神州教育，2014（3）：129.
② 参见百度文库中"课堂小结艺术浅析"的相关内容。

师：由于时间关系，我们来估算一下这节课的得分情况吧。

……

师：经过上面的学习，我们对"平均数"有了深入了解，如果让你在"平均数"前面加上一个修饰语，你会怎样填？

生1：有趣的平均数。

生2：善变的平均数。

生3：神奇的平均数。

生4：狡猾的平均数。

……

师：谢谢大家，希望"平均数"这个朋友走进我们的生活，融入我们的生活，在我们的生活中发挥更大的作用。

苏霍姆林斯基说过："人的内心有一种根深蒂固的需求——总想感到自己是发现者、研究者、探寻者，在儿童的精神世界中，这种需求特别强烈。"[1]因此，在课堂小结中，教师应给予学生充分表达的机会，促进学生的思维发展，调动其学习积极性。

7. 前后衔接式

为了下节课的顺利进行，教师往往会在结束一堂课时，采用恰当的方式对下一节课的内容进行预告，其目的在于激发学生的学习兴趣和动机。

案例 6-47

前后衔接式的课堂小结

在上完《长江三峡》这节课后，教师这样做小结：我们这节课在长江三峡上游览，领略了祖国大好河山的壮美风光。下节课，我们将要欣赏祖国山河的另外一种风韵，到集中国水乡之美的周庄去漫游。请同学们先看看，作者是怎样当导游，向我们介绍这座"水中之城"和它古老而繁荣的文化艺术的。

拓展阅读：上课基本步骤

教无定法，但亦有法。实习生只要能够坚持以开放的观念引领行动，善于总结经验、不断反思、大胆实践，那么就一定能成为一个受学生喜爱的"教师"。

---

[1] 苏霍姆林斯基. 给教师的建议［M］. 周蕖，王义高，刘启娴，等译. 武汉：长江文艺出版社，2018：79.

第三节 听课

向别人学习，其实也是一种创造。听课是一种对课堂进行仔细观察的活动，它对于了解和认识课堂有着极其重要的作用。

一、听课的内容

听课，也称为观课。实习生在听课的过程中不仅要听，更要看；听看结合，注意观察。

（一）听的内容

（1）听教师是怎么讲的，课堂教学确定了怎样的教学目标，重点是否突出，详略是否得当。

（2）听教师讲得是否清楚明白，教学目标采用什么方式实现，教师如何引导学生复习回顾，回顾什么，教学语言是否适宜，学生能否听懂。

（3）听教师启发是否得当，新课如何导入，包括导入时引导学生参与哪些活动；创设怎样的教学情境，采取了哪些教学手段；设计哪些问题让学生进行探究、如何探究（如活动步骤的设计是否合理）。

（4）听学生的讨论和答题，教师设计怎样的问题或情境引导学生对新课内容和已有的知识进行整合；安排哪些练习让学生动手操练，使所学知识得以迁移巩固；课堂教学氛围如何。

（5）听课后学生的反馈，学生的反馈是否积极，反馈的内容是否与教学目标相关。

（二）看的内容

（1）看教师。看教师的精神是否饱满，教师的教态是否自然亲切，教师的板书是否合理，教师运用教具是否熟练，教师教法的选择是否得当，教师指导学生学习是否得法，教师实验的安排及操作是否科学，教师对学生出现的问题处理得是否巧妙，等等。总而言之，就是看授课教师在课堂教学中的主导作用发挥得如何。

（2）看学生。看整个课堂气氛，学生是静坐呆听、死记硬背，还是情绪饱满、精神振奋；看学生参与教学活动情况；看学生对教材的感知情况；看学生的注意力是否集中、思维是否活跃；看学生的练习、板演、作业情况；看学生举手发言、思考问题情况；看学生活动的时间是否得当；看各类学生特别是潜能生的积极性是否能被调动起来；看学生与教师的情感是否交融；看学生自学习惯、读书习惯、书写习惯是否养成；看学生分析问题、解决问题能力如何；等等。归结起来，就是看学生在课堂教学中的主体作用发挥得如何。

二、听课的记录

听课记录主要包括两个方面，一是教学实录，二是教学评点。在听课时，一般可以采用表格的方式来记录，表格左边是教学实录，右边是教学评点。

（一）**教学实录的内容**

（1）听课的日期、学科、班级、执教者、课题、第几课时等。

（2）教学过程，包括教学环节和教学内容，以及采用的教学方法。

（3）各个教学环节的时间安排。

（4）学习活动情况。

（5）教学效果。

教学实录记到什么程度，要根据每次听课的目的和教学内容来确定，通常有以下三种形式：一是简录，简要记录教学步骤、方法、板书等；二是详录，比较详细地把教学步骤都记下来；三是纪实，把教师开始讲课，师生活动，直到下课的全部教学情况都记录下来。

（二）**课堂评点的内容及形式**

课堂评点是听课者对本节课教学优缺点的初步分析与评估，以及提出的建议。主要包括：

（1）教材处理与教学思路、教学目标。

（2）教学重点、难点、关键点。

（3）课堂结构设计。

（4）教学方法的选择。

（5）教学手段的运用。

（6）教学基本功。

（7）教学思想。

（8）其他。

撰写课堂评点可以采取以下两种形式：一是间评，把观察师生双边活动后所产生的感想随时记录下来；二是总评，把课后综合分析所形成意见或建议记在记录本上（有的记录本专设有意见栏），待课后与执教者互相交流，取长补短。

（三）**听课记录的要求**

1. 依据听课重点，抓住记录要点

听课记录常会出现这样一种情况：记录面面俱到，多而全，但听课者对哪方面的印象都不深刻。听课记录有时需要全面一些，有时则需要突出某一个方面。记录要抓重点，对内容要有选择，不宜"有言必录"，落在纸上的文字要精练，言简意赅。为了简便、迅速，有时可以使用符号做标志和提示。在记录时，有时来不及把想写的都记录下来，还可以留"空位子"，待空闲时查漏补缺。

2. 记录的同时应作评点

在撰写听课记录时，许多听课实习生倾向于记课堂实录，而不作评点。甚至有相当一部分人，在记录时多是执教者板书什么就记什么，复制执教者的"板书"，此外别无他记。显然这种听课记录的价值不大。好的听课记录应该是实录与评点兼顾的，特别是做好课堂评点往往比实录更重要。

案例 6-48

听课记录范例（简录）

湖南第一师范学院实习生　龚天赐

班级：三年级（1）班	科目：数学（第1课时）	执教者：王老师	评课人：龚天赐

课题：四边形的认识

实录：	评点：
一、创设情境，引入新课 1. 教师播放录像（介绍小学的校园），然后让学生观察主题图（课本中的图） 教师提问： （1）"在图中你能看到什么？"（让同桌互相交流。） （2）"你看到图形了吗？" 学生1：我看到了正方形的蓝色地板砖。 学生2：我看到了长方形的蓝色地砖。（接着再请几个学生回答。） 2. 点明主题 在这个美丽的校园里有许多图形。其中正方形、长方形蓝色地砖的形状和推拉门的形状，都叫四边形。 （引出主题：四边形。）	利用录像引起学生的注意。教师根据学生的回答在屏幕上随机投影展示各种图形，这加深了学生对四边形的认识，从而引出新课的主题（四边形）。
二、探究交流，学习新知识 1. 涂一涂（教师向每位学生发一张画有许多图形卡片） 教师布置任务：在卡片上找出你认为是四边形的图形，并把它涂上颜色。 学生都很认真地找和涂。 最后教师展示两张学生涂的卡，让学生进行评价。	让学生通过观察直观感知四边形，能够区分和正确辨认四边形，并以小礼物奖励的形式表扬学生，从而调动学生的积极性。
2. 四边形的特点 教师投影出涂好的四边形，并提问："请同学们分小组观察一下，这些四边形有什么特点？"（让学生以四个人为一小组进行讨论。） 小组讨论并汇报结果：四边形的特点是有四条边、四个角。 师生共同探究，进一步发现和认识到四边形都有四条直的边，有四个角。	以小组讨论的形式培养学生间的相互合作；师生共同探究问题的教学设计由浅入深，使学生容易接受知识。
3. 通过举例进一步深化新知识 请两个学生到投影前指出长方体的面是四边形。（得出结论：长方体的六个面都是四边形。） 教师还让学生联系周围的东西，找一找有哪些物品是四边形。（学生争先恐后地回答。） 三、动手实践，巩固新知识 1. 课前教师给每个小组一个信封（内有很多图形卡） 教师要求每个小组按不同的分法把图形卡分组，讨论后小组汇报分类结果： （1）按图形的相似来分； （2）按图形的颜色来分。 ……	教师循循善诱，使学生跟着一起动脑、动手，且鼓励学生发表自己的意见，营造积极的课堂气氛。 教师没有说出正确的分法。

续表

2. 游戏（准备工具：橡皮筋、钉子板） 教师请学生亲自动手用橡皮筋和钉子板围一个四边形。 教师提问："你围成什么四边形？" 学生回答："长方形"（或"正方形"）。 教师提问："为什么围成的是长方形或正方形？你是怎样判断它是长方形或正方形的？"。 教师先让学生讨论，然后请多个学生回答。 再组织小组讨论"长方形和正方形有什么特点？"（小组讨论，每组找一至两名代表发言。）	以游戏的形式，让学生亲自动手，提高积极性，发挥创造思维，并且让学生去总结知识点，加深对知识的理解。
在教师的引导下学生认识长方形和正方形的边和角的特点，最后教师在投影上显示总结： （1）长方形、正方形的角是直角； （2）长方形的对边相等； （3）正方形的四边相等。	
3. 联系实际问题，引入另一个游戏 教师讲述："我们镇是××镇，我们要用毛线编织出美丽的衣服。"（回归生活）教师引出游戏，用彩色的橡皮筋编织多种四边形。这时学生自己动手编织出长方形、正方形等图形。	使学生在活动中感受到数学与生活的密切联系，培养学生对家乡的关注。
四、课堂小结 让学生再次阅读课本，如果有不明白的地方提出，教师解答，并总结整节课。	反馈学生掌握的知识的程度。
五、板书： 四边形 四条直的边 四个角	板书简洁而明了，突出四边形的特征。
总评	这节课教师合理地运用了多媒体进行教学，使学生能够全面掌握知识点；通过多种游戏，让学生感受到生活中的四边形无处不在，并认识四边形的特点，进一步掌握长方形和正方形的特点，培养学生的观察、比较、抽象概括能力和积极参与数学学习活动的态度，以及与他人合作的良好习惯

三、听课的要求

（一）听课前要有充分准备

实习生应该对要听课的课程内容有所了解，如教学目标是什么，教学重点、难点是什么，并带好听课本、教科书等。这样，在听课的过程中就能做到有的放矢，带着问题去听，并尽可能以学生的身份参与到学习活动中，获取第一手材料，从而为自己如何上好一堂课奠定基础。

（二）端正学习心态

实习生应该把自己定位为课堂教学的学习者而不是批评家，要多学习授课教师的长处和闪光点，为己所用。

（三）在听课中要思考

一位专家曾说过：你讲给我听，我是要忘记的；你做给我看，我说不定记住了；你若让我参与，我肯定能够学会。听课，必须伴随着思考才能有进步、有提高。

实习生在听课过程中要一边听，一边思考这样一些问题：授课教师对教材为何这样处理？换成自己该如何处理？授课教师是怎样把复杂问题转化为简单问题的？他的教学有什么值得自己学习的？教学重、难点是怎样把握或突破的？自己应怎样对这节课的"闪光点"进行活学活用？

一堂好课，应该看得出学生是怎样从不懂到懂，从不会到会，从不熟练到比较熟练的过程。在课堂上，学生答错了，答得不完整，答得结结巴巴，属于正常现象，正因为这样他们才要学习。教师要在学生答错时，及时加以引导；在学生答得不完整时，及时加以启发。所以听课一定要注意看实际效果，看学生怎么学，看教师怎样引导学生的学习。思考之后，实习生可以和自己的备课思路进行对比分析，大胆地去粗取精、扬长避短，写出符合自己特点的教案。

（四）认真听课，做好听课记录

实习生在听课时要认真观察和倾听，也要遵守课堂纪律，切忌中途离开，同时做好听课记录。作为实习生，听课记录不仅应记录课堂的教学过程，还应记下自己的主观感受和评析。

拓展阅读：听课记录表

（五）听课后要总结

听完课后，实习生应反复地琢磨，总结他人教学中的优势和不足。每个教师的教法不同，实习生在总结分析他人授课时要注意比较、研究，同时结合自己的教学实际，吸收他人的有益经验，改进自己的教学。在总结分析他人授课时，实习生还要注意分析授课教师在课外下的工夫，看他的教学基本功和课前备课情况，这种思考对自己会有很大帮助。总结的方式有很多种，如翻听课记录，或与授课教师交谈，或将几节互相关联的课作一番比较，或写一篇听课心得，或干脆将他人执教的内容拿到自己班上试讲等。

第四节　评课

评课，即课堂教学评价，指在听课活动结束之后，对课堂教学的成败得失及其原因作出切实中肯的分析和评价，并能从教育理论的高度对一些现象作出正确的解释。评课是提高授课教师和听课、评课教师教学水平，优化课堂教学的重要途径。因此，对于实习生而言，学会评课不仅可以学习他人的长处和经验，而且可以尽量避免他人的失误。特别值得指出的是，评价课堂教学的目的不是为了证明什么，而是为了改进。

一、评课的内容

（一）评教学目标

教学目标是教学的出发点和归宿，它的正确制订和达成，是衡量一堂课好坏的主要尺度，所以评课首先要分析教学目标。

1. 教学目标的制订

在评价时要看教学目标是否全面、具体、适宜。全面是指要从知识与技能、过程与方法、情感态度与价值观三个方面来确定三位一体的教学目标；具体是指知识与技能目标要有量化要求，过程与方法目标、情感态度与价值观目标要有明确要求，体现学科特点（参见相应的课程标准）；适宜是指制订的教学目标能以相应的课程标准为指导，体现年段、年级、单元教材特点，符合学生年龄特点和认知规律，难易适度。

2. 教学目标的达成

在进行评价时，还要看教学目标是不是明确地体现在每一个教学环节中，教学手段是否都紧密地围绕教学目标，为实现教学目标服务。同时，要看课堂上是否尽快地进入了重点内容，重点内容的教学时间是否得到了保证，重点知识与技能是否得到巩固和强化。

（二）评教材处理

评价一节课教学的好与坏不仅要看教学目标的制订和落实，还要看教师对教材的组织和处理。在评价一节课时，既要看教师知识讲授的准确性、科学性，更要注意分析教师处理教材和选择教法是否突出了重点，突破了难点，抓住了关键点。

（三）评教学程序

1. 教学思路设计

教学思路是教师上课的脉络和主线，它是根据教学内容和学生水平两个方面的实际情况设计出来的。它能够反映一系列教学措施怎样编排组合，怎样衔接过渡，怎样安排详略，怎样安排讲练等。教师在课堂上的教学思路设计是多种多样的。为此，评课者评教学思路，一要看教学思路设计符不符合教学内容实际，符不符合学生实际；二要看教学思路的设计是不是有一定的独创性，能否给学生新鲜感；三要看教学思路的层次、脉络是不是清晰；四要看在课堂上教师对教学思路的实际落实效果。

2. 课堂结构安排

课堂结构，也称为教学环节或步骤。课堂结构是指一节课的教学过程中各个部分的确立，以及它们之间的联系、顺序和时间分配。计算授课教师各个环节的教学时间，能较好地了解授课教师的授课重点和结构。教学思路与课堂结构既有区别又有联系，教学思路侧重教材处理，反映教师课堂教学纵向的教学脉络；而课堂结构侧重教学方法，反映教学横向的层次和环节。

（四）评教学方法和手段

评析教学方法和手段主要包括以下几个方面的内容。

1. 教学方法的适用性

教学有法，但无定法，贵在得法。教学是一种复杂多变的系统工程，不可能有一种固定不变的万能方法。一种好的教学方法总是相对而言的，它总是因课程、因学生、因教师自身特点而变化，也就是说教学方法的选择要"量体裁衣"，灵活运用。

2. 教学方法的多样性

教学方法最忌单调死板。教学活动的复杂性决定了教学方法的多样性。所以，评课既要看教师能否面向实际恰当地选择教学方法，同时还要看教师能否在教学方法多样性上下一番工夫，使课堂常教常新，且富有艺术性。

3. 教学方法的改革与创新

评价教师的教学方法既要评常规，还要看改革与创新，尤其是评价一些综合素质较好的骨干教师的课，要看课堂上思维训练的设计，学生创新能力的培养，主题活动的发挥，新课堂教学模式的构建，教学艺术风格的形成，等等。

4. 现代化教学手段的运用

现代化教学呼唤现代化教学手段。教师应充分利用丰富的信息化教学资源，要适时、适当地运用投影仪、录音机、电视、电脑、电子白板、触控一体机、智慧黑板、移动终端等现代化教学手段辅助课堂教学。

（五）评教师教学基本功

教学基本功是教师上好课的一个重要方面，所以评课还要看教师的教学基本功是否扎实。

1. 板书

板书设计要求科学合理、言简意赅、条理性强、富有艺术性（如字迹工整、美观，板画娴熟等）。

2. 教态

教师在课堂上应该是教态明朗、快活、庄重，富有感染力；衣着整洁、仪表端庄，举止从容，态度积极，热爱学生，师生有良好的情感互动。

3. 教学语言

教学也是一种语言的艺术。教师教学语言的好坏有时会关系到一节课的成败。教师的课堂语言要准确清楚、精当简练、生动形象、有启发性。教师的语调要高低适宜，快慢适度，抑扬顿挫，富于变化。

4. 操作

看教师运用教具，操作投影仪、电脑、智慧黑板、移动终端等多媒体设备的熟练程度。

（六）评教学效果

评一节课，既要分析教学过程和教学方法，又要对教学结果作出评价。看课堂教学效果是评价课堂教学的重要依据。评价课堂教学效果主要包括以下几个方面。

（1）教学效率高，学生思维活跃，气氛热烈。

（2）学生受益面大，不同程度的学生在原有基础上都有进步，知识与技能、过程与方法、情感态度与价值观三个方面教学目标达成了。

（3）有效利用课堂教学时间，学生学得轻松愉快，积极性高；当堂问题当堂解决，学生负担合理。

课堂教学效果的评价，有时也可以借助测试手段，即上完课时，评课者出题对学生的知识掌握情况当场做测试，而后通过统计分析测试分数来对课堂教学效果作出评价。

二、评课的形式

（一）个别交谈式

这种形式一方面适合听课人数较少的情况；另一方面适合在集体听课后，评课者觉得某些问题不便在公开场合谈论，而进行个别交谈。

（二）集中讨论式

这种形式多用于公开课、实验课和观摩课。通常，这类课程听课人数比较多，有领导、同事，有时还有校外的同行，以及上级行政领导和教研人员等。

（三）书面评议式

面对面的交流或座谈固然是一种评课的好方法，但也有一定的不足。一是时间紧迫，参加座谈的人集中起来较困难，有时因时间紧张来不及详细评论；二是对课缺少充分的琢磨或者拘于情面，也会影响评议效果。如果采用书面评论的方法，可以在一定程度上克服以上不足。

（四）师生互评式

这是一种体现教学民主的评课形式。授课教师主要评议学生的学习态度、学习效果、学习方式、合作情况和知识掌握情况，多肯定积极因素，少否定或批评。学生则主要评议授课教师上课的精神面貌、自己的学习情况等。

（五）专家会诊式

邀请专家对授课教师的课堂教学进行会诊，这更容易帮助青年教师补齐短板，尽快迈上课堂教学的专业轨道，尽快成长起来。

（六）自我剖析式

授课教师课后主动进行自我总结与反思，对自己课堂教学的体验和得失做一个简要的整理、归纳和汇报，其中也包括广泛听取评课者的意见等。

三、评课的要求

（一）熟悉课程标准，掌握教材

想要在评课中获得发言权，关键在于精通业务，掌握课程标准精神，熟悉教材。因此，实习生平时要善于学习，使自己具有较为扎实的教学理论积淀，了解教学改革的最新形势，"吃透"课程标准精神。同时，实习生还应在听课前认真阅读教材，了解这节课的教学目标，教学重点、难点和练习内容等。只有做到听课前有准备，才能在听课中找出闪光点，在评课时意见提得准确且具有建设性。

（二）认真听课，记好笔记

如果想要评好课，就必须认真听好课，边听边思，随时记好听课笔记。实习生不但要尽可能如实地记录课堂教学的全过程，而且要及时把自己对授课教师某一教学环节的感受写在听课笔记相对应的地方，为评课准备好第一手材料。

（三）了解授课教师的基本情况

实习生应对授课教师的基本情况有所了解，只有这样才能根据授课教师的具体情况进行具体分析，对不同层次授课教师的课堂作出有针对性的评价。如对业务能力较弱的授课教师，用骨干教师的评课标准去评议，那么问题就会很多，这会挫伤授课教师的积极性和自尊心；对业务能力较强的授课教师，如果用低水平的标准评议，对他的专业发展就没有帮助；对待性格谦逊的授课教师，可以推心置腹、促膝谈心；对待性格直爽的授课教师，可以直截了当，从各个角度与其认真交流；等等。

（四）拟好提纲

1. 全面回顾，拟出提纲

实习生在撰写提纲之前，应先对所听的课程进行较为全面的回顾，再翻看教材和听课笔记，并参考授课教师对这一节课的自评和学生的反馈，在认真分析的基础上，拟出评议的提纲。

2. 提纲的主要内容

评议提纲所包含的主要内容有：本节课的优点或经验是什么，本节课的不足或需要探讨的问题是什么，本节课的特色是什么，你的建议是什么。

四、评课的注意事项

实习生在评课中要注意以下几点：

（1）要根据课堂教学特点和班级学生实际，实事求是地公开评价一节课，切忌带有个人倾向；

（2）要以虚心的态度、商量的口气与授课教师共同分析研讨，不能把自己的观点强加于授课教师；

（3）要突出重点，集中主要问题进行评议和研究，不要面面俱到，泛泛而谈；

（4）要以事实（数据）为根据，增强评课的说服力；

（5）要做好调查工作，尽可能全面地了解授课教师和学生的真实情况；

（6）作为实习生，应带着学习的心态来评课，尽可能地从正面肯定授课教师的教学，切忌居高临下地批评。

五、评课中存在的问题

由于受到各种因素的影响，实习生的评课可能会存在许多不尽如人意的地方，主要问题集中在以下几个方面。

（一）重听轻评

重听轻评即听得多，评得少。这是实习生在评课时普遍存在的一个问题。当然，听课并非都要听一节、评一节，但对于实习生来说，大多数的课要能评则评，能交换意见就交换意见。如果有些课该评而没有评，一方面执教者心里没底，另一方面评课的作用没能得到发挥，听课也就失去了意义。

（二）敷衍了事

有些实习生在评课时敷衍了事，认为评课只是走过场。评课的内容大部分是优点，几乎不讲缺点。在评议会上，经常是发言只有三五人，评议也只有三言两语，评课冷冷清清，难以形成各抒己见、畅所欲言的热烈氛围。

（三）平淡肤浅

有的实习生在听了一节课后，找不出什么问题，只是笼统地认为"这节课教得不错"或者"这堂课教得很差"。有的实习生虽提了不少意见，但多半是针对细枝末节的问题，如执教者板书、声音大小、教态、拿教鞭的姿势如何以及图表悬挂的高低等。总之，评议流于表面，触及不到本质问题。

（四）面面俱到

对一节课的评议应该从整体上作分析评价，但绝不是不分轻重、主次，而需要有所侧重。即评课应根据每一次的听课目的和课型，并综合考虑学科特点。但在实践中，大部分实习生的评课会面面俱到，因而难以突出重点。

（五）以偏概全

在评课时，如果只评教师的一两节课，不评教师的系列课，就很难对其作出全面评价。

（六）评"新"弃"旧"

当前，冠以"新方法""新结构""新课型"的课程很多，有些实习生评课只看"新"，凡是有"新"东西就认为是好课，而传统的东西似乎就是"落后""过时"的，对传统的东西全盘否定，显然也是不妥的。

六、给实习生的评课建议

（一）尊重执教者

评课是一种教研形式，实习生要从研讨的角度出发，对教学中的优点充分肯定，即使是讲授得不够成功的课，也要善于挖掘执教者教学中的亮点，并加以学习。对教学中存在的问题或不足之处，实习生要以虚心的态度、商量的口气与执教者共同分析、研讨，善意地提出自己的建议或希望，绝不能以评课者自居，高高在上地去评课；否则，不仅会使评课的目的大打折扣，而且会挫伤执教者的积极性。

同时，实习生还要善于倾听执教者的自评和反思，以体现对执教者的尊重。

（二）突出重点，切忌面面俱到

尽管在前面谈到了评课可以从六个方面进行，但这并不意味着评课要面面俱到。在评课时，实习生要依据课程标准的精神，抓住执教者教学中的主要优缺点，集中对主要问题进行评析和研究，做到重点突出、条分缕析。当然，在必要的时候，实习生也可以

拓展阅读：评课表

依据执教者的教案，结合教学的主要特色，围绕一两个中心，对教学情况进行较为全面的评价，做到既有对某些教学环节或细节的具体评析，又有对教学的总体评价和看法。

（三）加强学习，吸取长处

要想真正评好课，实习生必须加强学习，学习新的教学理念，学习教育学、心理学、美学、演讲等，学习信息技术及其应用，学习上课的模式，掌握学科特点，熟悉各种课型。此外，实习生还可以多观看评课的实例，这样可以从中学习借鉴，提高评课的水平。最后，实习生还要注意在实践中学会推敲评课的语言，这样才能给优秀者"锦上添花"，给不足者"雪中送炭"。

案例 6-49

评课范例：小学语文《学会看病》评课稿（书面评议式）

湖南第一师范学院第二附属小学　廖珊露

《学会看病》一课主要讲的是儿子感冒了，妈妈让他独自去医院，儿子最终学会了看病的故事。母亲使用这种方式，磨炼儿子独自面对生活的能力，表达了母亲对儿子深深的爱。

这篇略读课文较长，有些语句较难理解，虽然人人都有母亲，却不一定能"读懂"母亲的心。在杨老师的精心设计下，学生被引导着走进文字，去体会这份浓浓的母爱。

一、读中感悟，激发情感

文本是主体感悟的语言材料，对文本语言的感悟首先要通过读来完成。深刻的感悟是建立在深入阅读、积极思考的基础之上的。对文本读得越多，想得越深，感悟自然就越丰富。杨老师以学生为主体的思想，让学生在朗读中感悟母亲的情感，把指导学生有感情地朗读课文，穿插在交流情感体验的过程中。

二、合作朗读，走近学生

在教学中，杨老师安排了师生合作朗读，教师以学习伙伴的身份加入，让学生倍感亲切。并且在师生合作的同时，教师还趁机指导了朗读，使学生的感悟加深，

朗读水平也得以提升。

三、抓点辐射，随文识词

这节课紧抓"狠心—不狠心"这一条主线，简简单单的两个词，使整堂课的主题显得特别清晰。学生在教师的指点下，找出有关"狠心"的句子，并理解了词语。这种做法能够让学生在语境中学习词语，使难度大大降低，并牢牢地记住词的意思。

最后想谈谈我对这堂课的小小疑惑：

1. 有老师提出，本文应该让"不狠心"的板块突出，让"狠心"的板块相应减少。听后，我也进行了一番思索。文章前面写母亲"狠心"是为了给后面的"不狠心"铺垫，从"不狠心"的点滴细节中，学生也能够感受浓浓的母爱。是否可以调整一下，把讲课时间多留一点给"不狠心的母亲"？

2. 初读后是否可以让学生提出文中较为难读的句子，再进行朗读，这样可以减少学生在朗读上的困惑？

3. 在学课文时，是否可以加一些这样的设计？

"当儿子摇摇晃晃地独自到医院里看病的时候，他的心里是怎么想的？""如果当时是你的妈妈这样对待你，让生病的你独自去看病，你会怎么想？"类似这样的问题，以儿子的角度来说一说看病时的心理活动，目的是为了学习课文的心理活动的描写，并联系自己的类似经历，以加深对课文的理解和对情感的体会。学生在情感铺垫的基础上，理解得更深入，他们才有可能真正"读懂"母亲的心。

第七章　班级管理实习

班级管理是学校管理的基本组成部分，是实现教育目标，使学生得到全面发展的必要手段和有效途径。有效的班级管理是科学的管理与爱的艺术的结合体。在班级管理的实习过程中，实习班主任必须注重加强班级文化建设，尝试协调各方教育力量，充分发挥班级的正向功能。在班级基础性管理、班级文化建设、班级综合治理以及学生的个别指导与心理辅导的过程中，实习班主任要仔细体会、不断反思，努力形成有效的班级管理。

第一节　班级基础性管理

班级基础性管理是班级日常管理工作顺利、有效开展的前提，主要包括班规制订、班干部选拔与培养、座位编排等。

一、班规制订

为了让"小鬼"更好地"当家"，班级管理必须有章可循，此处的"章"指的就是班规。制订有效、实用的班规涉及以下四个方面的问题。

（一）制订班规的必要性

在制订班规前，实习班主任有义务向学生们论述制订班规的必要性，如："你们想成为优秀班级里的学生吗？你们想不想我们班级成为一个优秀的班集体？""如果想，那么我们就有必要制订班规，因为这是实现我们目标的根本保障。"

（二）由谁制订班规

制订班规的最终目的是实现学生的自我管理、自我教育。在制订班规时，实习班主任要让学生参与讨论，让全体班级成员参与班级"立规"，目的是让每个学生既是班规的"立法者"，又是班规的执行者和管理对象，引导每个学生自觉成为"执法者"和被管理者。

（三）何时制订班规

经验丰富的班主任通常会在班干部正式选举之前，就把班规制订好，然后再依据班规选举班委会干部，以免班干部临时更改班规。

（四）班规的可行性

第一，班规要有广泛性。班规要代表绝大多数学生的意见，还要包含对可能发生的违纪现象的规定。班规的内容可以包括安全、思想品德、学习、纪律、卫生、各项活动等方面。具体来看，安全方面包括交通规则的遵守情况、校外娱乐场地情况、校内外食物卫生情况、各种应急求救措施掌握情况等；思想品德方面包括诚实守信情况、团结互助情况等；学习方面要注重学习态度、学习质量测验以及学习前后的效果变化等；纪律方面包括课堂纪律、实践活动纪律、公共场所纪律等；卫生方面强调个人卫生和班级卫生面貌；各项活动方面强调参与活动的重要性和集体荣誉，鼓励学生在学习之余加强锻炼。

第二，班规要有可操作性。班规是对学生行为的约束，而不是思想道德上的倡议。如"勤奋学习"，就不能对学生起到良好的监督作用，如果写成"按时上课，按时完成作业"就具有可操作性。

第三，班规要有一定的弹性。现实中往往会有一些特殊情况，如生病、请假等，当学生因上述特殊情况而不能按时交作业时，班规就可以这样规定：每学期缺交或不按时交作业的次数不能超过两次，且缺交作业必须向教师作出说明。

第四，班规的表述要亲切。班规所表述的内容，不可求全责备，过高的要求只会打击学生执行的积极性。尽量少用"不准""不许""不能",多用"提倡""希望""要求"等词语;班规不能只体现惩戒性,更要体现教育的激励性。在班规的表述中,多使用学生的语言,比如低年级的学生对制度的认识很模糊,可用童谣、顺口溜或朗朗上口的诗句编写班规,参见案例7-1。

第五,班规要有约束性。班规不仅对每一个学生都是平等的,而且对实习班主任也是如此。因为,教师与学生都是班集体的一分子。

案例 7-1

学子形象(节选)[①]

1. 进校
按时到校不迟到,师生见面请问好;
校徽领巾佩戴好,规范入校要记牢。

2. 集会
集会排队快静齐,秩序井然不拥挤;
唱响国歌要肃立,国旗升起要敬礼。

3. 做操
铃声一响排好队,按时到场有秩序;
动作认真做到位,两操规范又精神。

4. 上课
预备铃响准备好,学习用品不能少;
积极发言勤思考,遵守纪律最重要。

5. 作业
自己作业独立做,抄袭他人真不好;
及时完成按时交,保质保量效率高。

6. 课间
不追逐来不打闹,脚步轻轻不抢道;
上下楼梯不跑跳,文明休息不喧闹。

这位教师在制订班规之前,精心组织设计了一堂班会课——"规则之美",让学生充分讨论班规的制订,内容包括进校、集会、做操、上课、作业、课间、仪表、礼仪、考试、用餐和值周等方面,然后安排学生四个人为一小组,每个小组认领两个方面的内容,要求每个组员都参与班规的制订;最后,还不失时机地引导和鼓励学生把规则列完整、编成朗朗上口的诗句。该案例使用"学子形象"一词代替

---

① 郑学志. 班级管理 60 问 [M]. 上海:华东师范大学出版社,2012:13-19.

"班规"，内涵相近，却更能体现学生塑造自身良好形象的内在需要。

二、班干部选拔与培养

在小学班级管理中，选拔和培养得力的班干部是非常关键的。在小学阶段的班干部主要有班长、学习委员、体育委员、文娱委员、劳动委员、生活委员等。

（一）选拔班干部

1. 了解学生是前提

实习班主任在选拔班干部时，要尽可能多地了解每个学生的特点，发现他们的优点，针对每个学生的特点安排合适的岗位，使班干部在班级中能够有一定的威信。

2. 民主是关键

首先，在选拔班干部的过程中，实习班主任应尊重小学生参与班级事务、管理班级的意愿，让每一位小学生都有机会参与班干部的选拔。其次，在选拔过程中，实习班主任应尊重大部分学生的意愿，选出真正受学生支持又有工作能力的学生组成班委会。

（二）培养班干部

选拔班干部只是做好班级基础性管理的前提，如何培养班干部才是有效管理的关键。

1. 在班级管理工作中，逐步培养班干部的工作能力

对于小学生班干部而言，他们的知识与经验较少，能力比较有限。因此，实习班主任应当帮助班干部走好上任前三步。

第一步，帮班干部开篇布局。实习班主任要让每个班干部明白自己的管理思路和带班方法，这样，他们的工作思路、工作目标就会和实习班主任趋于一致；要让班干部熟悉班规，这样，班干部就会有章可循、有"法"可依，工作起来才能让其他学生信服。

第二步，帮班干部树立威信。如支持班干部的一些开创性工作，不要因为不是自己提出的就随意否决。实习班主任要相信班干部，用人不疑。有经验的班主任，通常会在班里明确地说："班干部就是咱们班的'执行班主任'，要服从'执行班主任'的安排。"另外，在公共场合多表扬班干部，至于缺点则可以私下跟他们说。

第三步，给班干部方法支持。班干部年龄小，在知识与经验上存在不足，实习班主任要多给他们提供一些工作上的具体做法，收集、整理一些班干部工作的优秀经验，选择合适的时机让他们学习，帮助他们逐渐积累工作经验，逐步提高班级管理能力。

2. 对班干部要"严""爱"结合

班干部作为实习班主任的"小助理"，能为班级发展做出很多贡献，实习班主任应该关心和爱护班干部。但如果对班干部不严格要求，其自身就可能会出现许多

问题，会影响班干部自己或者班集体的发展。因此，当班干部自身存在问题时，实习班主任就应当及时指出，并对其进行批评，要求其改正，绝不能因为他们是班干部就一味迁就、姑息袒护，否则会失去大部分学生对班干部的信任，不利于班干部的成长。

案例 7-2
班干部选拔培养十步骤 [①]

（1）调查。面对新的面孔，不管阅人能力有多强，都有看走眼的时候。为了提高阅人的准确性，首先就要做好调查。问卷调查、口头调查、家访都是不错的办法。

（2）指派。刚开始接触学生，可能很难选择班干部，临时指派可能也是必要的。在指派班干部之后，要强调"这是个临时组织，如果有更合适的人选，可以随时撤换"。这可以让大家觉得人人都有机会，从而好好表现。

（3）观察。孩子不像成人那般成熟，他们的喜怒哀乐一般都表现在脸上，所以，只要细心，一定能够发现每个学生的独特之处。

（4）储备。将合适的对象作为"人才"储备。

（5）造势。对于适合的人选，适时地对他们进行表扬、推销，以提高他们在其他学生心目中的威信。同时，创造机会让候选人员表现自己、证明自己，让同学接受他们。

（6）选举。在选举前，要在班里制造舆论，有意识地引领大家选举的意向。另外，也可私下给适合的学生打气，鼓励他们参加竞选，教他们怎么写竞选演讲稿。切记，要让学生自己选，只有学生自己选出来的班干部，他们才信服。

（7）培训。培训的第一步是给班干部分工，让他们明确自己的具体职责。培训的第二步是召开班委会会议，告诉他们如何处理班级的不良现象。培训的第三步是组织管理，让他们学会协同合作。

（8）优化。任用一段时间后，对不能胜任者，要理性地进行割舍。

（9）定型。精锐的班干部队伍建成后，就可以稳定下来。定型之后，就是定性，即把班主任的治班理念与班干部队伍的工作方法有机结合起来。

（10）放手。对班干部信任、舍得放手，从而让班干部成长并强大起来。

三、座位编排

座位编排是指学生日常座位次序的排列方式，它看似是一个很不起眼的工作，但对于课堂气氛、学生的学习态度及课堂参与、人际交往等都会产生潜在的影响，

[①] 郑学志. 班级管理 60 问［M］. 上海：华东师范大学出版社，2012：42-43.

对于实现班级高效日常管理具有重要价值。

根据不同学科、不同课程类型的需要，实习班主任可以灵活变化班级座位编排方式，如小学科学课多采用圆形、方形或分组编排的方式，以便学生开展合作性、探究性学习。然而，在当前的日常班级授课中，秧田式仍然是一种主要的座位编排方式，实习班主任在采用这种编排方式时要注意以下两个方面：

（一）勿以成绩优劣、表现好坏、与学生家长的亲疏关系来编排座位

以成绩优劣、表现好坏、与学生家长的亲疏关系来编排座位，是班级管理实践中容易出现的错误做法。以成绩优劣编排座位，容易挫伤成绩靠后学生的学习积极性；以平时表现好坏编排座位，容易造成表现不好学生的逆反心理和自暴自弃行为；以与学生家长的亲疏关系编排座位，则会严重影响教师的"公正"形象，有损教师威信。

（二）从以人为本的角度出发，按照互补性和灵活性原则来编排座位

所谓互补性，就是在编排座位时，让座位相邻的学生在个性、知识与能力、性别上互补，为学生提供一个能够充分提升和发展自我的环境。因此，实习班主任在编排座位时，要综合考虑学生的这些因素，对独立性较强的学生与依赖性较强的学生，脾气急躁的与稳重有耐心的学生，意志不坚定、缺乏顽强刻苦精神的学生与勤奋踏实、积极主动学习的学生，进行混合编排。

所谓灵活性，就是在编排好座位以后，实习班主任也可以根据教学实际需要、班级管理实际需要采用座位轮换、定期重新排列等方式进行调整。

第二节　班级文化建设

班级文化是指学生在班主任的引导下，在实现班级目标的过程中所创造的物质财富和精神财富的总和。它具有隐性的育人功能、凝聚功能、激励功能和制约功能。因此，加强班级文化建设，也是提高班级管理水平和促进学生发展的一项重要举措。

一、班级文化建设的重点

班级文化可以分为"显性文化"和"隐性文化"。所谓显性文化，是指可以看得见的环境文化，比如：教室墙壁上的名言警句；榜样人物或世界名人的画像；展示学生书画艺术的书画长廊；激发学生探索未知世界的科普长廊；表露爱心的"小小地球村"；悬挂在教室前面的班训、班风等醒目的图案和标语；等等。所谓隐性文化，主要包括制度文化和行为文化。在班级文化建设上，重点是营造班级文化氛围，突出打造班级精神，培养积极向上的班级舆论。

（一）营造班级文化氛围、突出打造班级精神

营造班级文化氛围的途径有很多种，如创作班歌、设计班徽、打造班级精神、喊出班级口号、寻找班级图腾、提炼班级核心理念，都可以成为营造班级文化氛围的有效途径。

除此之外，实习班主任也可以根据全班学生发展的共同需要，利用一些载体来传递班级精神。下面介绍几种主要的营造方式：

1. 班级年鉴

班级年鉴记录班级的重要事件、重要活动、重要人物等，可以增强学生的荣誉感、责任感、集体目标意识等。在班级中成立4～6名学生组成的年鉴编辑小组，在实习班主任的指导下，小组定期开会，决定哪些事件、哪些活动可以写到年鉴中，然后分工撰写。

2. 班级日志

班级日志是传递班级精神的重要载体，日志的固定栏目设置"一天实录""值日感言"，不固定栏目设置"名师名言""优秀的你"等。要求班级成员人人轮流撰写班级日志，使班级日志成为学生展示才华、凸显品位、彰显个性、反映内涵的小舞台。

3. 班级网站

建设班级专题网站，在网站开设"班级光荣榜、我的建议、我的烦恼、好书推荐、亲子乐园、班级影集"等专栏，供学生与家长上网浏览了解。

（二）培养积极向上的班级舆论

积极健康的舆论是唤醒心灵的好武器。在班级舆论问题上，实习班主任要把握主动，不能放任自流。具体而言，要做好以下四个方面的工作。[①]

一是用自身的人格魅力传递鲜明的价值导向。如：倡导爱护校园、爱护一草一木的舆论氛围，如果实习班主任自己为了抄近路，从草坪中间踩过，那么学生就会对你的话表示怀疑；要求学生做到守时守信，自己却迟到，甚至把今天的作业拖到明天批改，那么学生就会私下嘀咕："我们迟到有什么大不了？老师自己也这样？"学高为师，身正为范，无论在何时何地，实习班主任都要通过言行举止和舆论宣传，把自己的人格力量传递给学生，让学生知道什么是正确的。

二是要不遗余力地正面表扬好人好事。班级舆论支持什么、否定什么，就要通过教师表扬什么、批评什么体现出来。只要是好事，不论大小，实习班主任都要及时给予表扬，并将这种表扬和班级集体荣誉联系起来。这样一来，不仅受表扬的学生会产生荣誉感、成就感，还能促成人人为集体做好事的风气，形成一种以为集体做贡献为荣、以损害班级形象为耻的良好舆论氛围。不遗余力地表扬，就是为了让学生明确地认识到什么是好的、什么是值得肯定的。

三是营造良好、和谐的人际关系。紧张的人际关系容易导致不愉快的事件发生，而不愉快的事件则容易引发不良的舆情事件。实习班主任要主导和营造和谐的班级人际关系，形成健康向上的班级舆论。

四是始终坚持正确的是非观念。小学生年龄尚小，不一定有正确的是非观念，

① 郑学志. 班级管理60问［M］. 上海：华东师范大学出版社，2012：165-166.

如案例7-3。作为实习班主任,应该旗帜鲜明地坚持正确的是非观念,采取一定的策略方法,化解消极的班级舆论。

案例 7-3

保护一个孩子的尊严 ①

有一次,一个家境很差、成绩也差的学生放学后含着泪跑到刘老师那里,强烈要求换座位,原来,那一天,几个坐在他前后的学生不知为什么开始议论起他来:

"他家里没有钱,他奶奶又是吃低保的。"一个学生说。

"不是吃低保,是捡破烂的。"另一个补充道。

"他爸爸根本挣不到钱,他一天还买这么多东西,不知他是哪儿来的钱?"第三个学生兴奋地插话。

"爱的能力,同情的能力,尊重他人的能力,比其他任何东西都更重要!"这是刘老师的理论。为了表明自己的观点,刘老师不仅坚持在课后为这个孩子辅导,还经常在他有闪光点时不遗余力地表扬,并对所有包含歧视的做法进行严厉的批评。但这又出乎意料地导致其他孩子的不满。

保护一个孩子的尊严与维护大多数学生的情感这个两难境地,使刘老师度过一个不眠长夜。

在案例7-3中,面对这个家庭生活和学习都很困难的同学,部分学生不仅没有给予同情、关爱和尊重,反而冷眼相对,毫无顾忌地排斥他、嘲笑他、羞辱他,形成了一种消极的班级舆论。面对这种传播负向、消极价值观念的舆论形态,很多实习班主任和刘老师都有着一样的困惑:一向被我们视作纯真的小学生怎么会如此世故?一向被我们比喻为家庭的班集体为什么会有这样不和谐的声音?这是社会的问题还是教育的失职?在面对这种消极的班级舆论时,我们该如何处理?

(三)化解消极班级舆论

任何班级都可能会出现带来负面影响的学生,这些学生主要分为两类:一类是不愿意从众,通过表达与众不同的观点来表明自身存在的学生;另一类是自制力差,个人意识突出,常常表现出与纪律要求、制度唱反调的学生。这些学生的消极行为可能会导致消极班级舆论的产生。这些学生的消极行为既有可能是"有所为",即做不该做的,如扰乱课堂秩序、损坏公物、鼓倒掌、喝倒彩等,也有可能是"不作为",即不做该做的,如集体逃课、逃避劳动、不做作业、不参加集体活动等。因此,实习班主任应深入班级了解情况,及早发现、引导和化解消极行为,

---

① 江菲. 保护一个孩子的尊严 [N]. 中国教育报,2007-09-13(008).

尽量避免消极班级舆论的产生。

在日常班级管理中，实习班主任应找机会与这些学生谈心，肯定他们的优点，委婉地道出缺点，并指出这些缺点对他们的不利影响；在集体活动中，对于这些学生的正面作用，给予公开肯定与表扬，培养他们的荣誉感和正确的是非观念，树立他们在班级中的新形象，促使他们向正确的舆论靠拢。

消极班级舆论有时会自生自灭，但有时也会呈燎原之势。在消极班级舆论萌芽和形成阶段若不加以处置，一旦形成气候，不仅难以处理，而且会对整个班级造成很大的负面影响。

面对消极班级舆论，根据实际情况，实习班主任一般可以采取以下三种措施：一是置若罔闻，不管不问。二是施以铁腕，强力打压。这种做法虽然看起来省时省力，但会对学生的心理造成较大的伤害，有时甚至会激起学生的逆反心理，对班级的长效管理十分不利。三是因势利导，积极疏引。疏引主要着眼于学生心理的转变，抓住教育契机激发他们的主动性和创造性，管理效果比较持久。这种教育手段相对温和，学生容易接受。

二、主题班会

主题班会是围绕一定主题而举行的班级成员会议。主题应当体现社会、学校和班级思想教育工作的主旋律，主题是统领整个活动的灵魂，好似一条红线贯穿活动的始终，影响着活动内容的确定和活动形式的选择。[①]一般来说，主题应当是学生共同关心的、感兴趣的问题或学生之间出现分歧的问题。

（一）确定主题班会的主题

（1）根据学生的学习生活、思想动态确定班会主题。实习班主任要及时了解学生的学习生活情况和思想动态，以确定一些具有普遍性的问题；在开展主题班会活动时，要适时地帮助学生认清是非，提高认识。

（2）根据节令、纪念日确定班会主题。

（3）根据时事确定班会主题。作为实习班主任，担负着引导学生关心时事、放眼世界的职责，实习班主任可以带领学生在主题班会上讨论国家大事、国际形势。

总而言之，班会主题的确立要做到贴近学生、贴近生活、贴近时代，要能够引起学生共鸣，有利于引导学生健康成长。

（二）主题班会的活动内容和活动形式

1. 主题班会的活动内容

（1）思想品德教育（德育活动）。这是主题班会的主要内容，即使在进行其他方面教育时，也要贯穿思想品德教育的相关要求。

（2）时事形势教育。

---

① 王红予. 班主任管理策略［M］. 成都：电子科技大学出版社，2017：50.

（3）传统节日教育。

（4）文学、美术、音乐、影视作品的介绍、欣赏和评析。

（5）历史、体育、卫生等各种知识的介绍，或有关书籍的推荐、评价。

（6）处理班务工作和筹备或总结班级活动。如编排座位，选举班干部，讨论和制订班级公约，或者为春游、秋游、运动会、节日庆祝等活动作动员或小结等。

（7）就班级中的舆情问题进行讲评。

（8）现代科技教育。

2. 主题班会的活动形式

主题班会的内容是通过具体的形式表现出来的。主题班会可以采用讲演、朗诵、歌舞、小品、采访、报告、座谈、汇报、辩论、竞赛等多种形式开展。

一般而言，主题班会的常见活动形式有以下几种：

（1）专题讨论会。即让学生就某一认识不清的问题，或是发生于社会、学校中的事件展开讨论，达到明辨是非的目的。

（2）报告会。即聘请社会上各行各业的专家、英雄模范人物或学生家长等来作报告。

（3）演讲会。事前应确定一个主题，让学生做好准备。会上可由一个人或几个人主讲，也可自由上台发言。

（4）茶话会。茶话会是一种轻松、愉快的带有谈心性质的班会形式，是在师生情感交融的和谐气氛中进行的。一般在重大纪念日和传统节日期间进行。

（5）故事会。教师、学生或外单位人员均可担任讲故事的人，可以一个人单独讲，也可以几个人轮流讲；可以进行故事欣赏，也可以开展讲故事竞赛。

（6）文艺表演。这是一种通过文艺表演达到教育目的的班会活动形式，会前根据教育要求，让学生编排节目，也可以请外单位或文艺团体进行演出。

（7）游艺会。游艺会也是一种寓教于乐的班会活动形式。

（8）参观访问。这是运用社会力量对学生进行教育的一种生动有效的班会活动形式。

每次主题班会都可以用表格的形式记录、整理，以便保存和日后查看。具体形式参见表7-1。

表7-1 主题班会记录表

班级名称		班会主题	
班会时间		班会地点	
参加人员		指导教师	
班会形式			

续表

主持人	

一、活动目标：

二、活动过程：

案例 7-4

对生命特点的尊重和理解

班上有个学生身体有残疾，走路有一些跛，有些学生常学她走路的样子，开她的玩笑，还给她起外号。作为实习班主任，我觉得应当批评那些不尊重残疾同学的行为。但转念一想，这样一来会伤害残疾学生的自尊心。我一直在寻找一个恰当的教育方法。

思考：

1. 请你给这位实习班主任找到一个恰当的教育方法。

2. 请你说说自己对生命特点的认识和如何尊重与理解。

实习班主任可以通过主题班会等多种形式，向学生介绍张海迪、霍金等残障人士的成功事迹，让学生明白，什么样的人都有可能为社会做贡献，引导学生讨论、理解、尊重不同的生命特点；也可以让学生写主题周记，比如，撰写以"如果我是残疾人"为题的周记，来体会残疾人的辛苦与不易。

案例 7-5

生命在你手中——交通安全教育

湖南第一师范学院第一附属小学 李卫

一、活动目的

1. 通过读新闻、演小品等形式，学生重视交通安全问题。

2. 通过本次班会活动，学生了解一些基本的交通规则及交通标志，并逐步形成自觉遵守交通规则的良好行为习惯。

二、活动准备

1. 让学生收集有关交通事故的新闻。

2. 组织学生排演小品。

3. 选好及训练班会主持人。

4. 让学生了解一些基本的交通规则。

5. 让学生了解一些常见的交通标志。

三、活动过程

（一）主持人播报有关交通事故的新闻以引入主题

1. 主持人A：（读新闻。）

2. 主持人B：大家听了这则新闻有什么感想呢？

3. 同学们议论，各抒己见。

4. 主持人小结：

（1）主持人A：生命在你手中，交通安全不容忽视。

（2）主持人B：所以今天我们就一起来学习交通规则，并要养成自觉遵守交通规则的好习惯。

（二）交通知识竞赛（抢答形式）

1. 交通信号灯有哪些颜色？都有些什么作用？

2. 红灯亮时行人该怎样做？

3. 黄灯亮时还可以过马路吗？

4. 什么灯亮时才可以走？

5. 车辆、行人应靠哪边走？

6. 出示各种交通标志，让同学们说出交通标志的名称及其意义。

（三）看小品，议一议

1. 小品内容：一名小学生放学回家，由于不遵守交通规则，结果出了车祸。

2. 议一议：

（1）这名小学生违反了哪些交通规则？

（2）我们应如何遵守交通规则？

3. 把小品中小学生犯的错误纠正过来。

（四）小结

1. 学生小结：围绕"通过这次活动，你懂得了什么？"来进行小结。

2. 班主任小结：生命只有一次，幸福快乐掌握在你的手里，希望同学们通过这次班会活动，学会珍惜生命，养成自觉遵守交通规则的好习惯。

（五）课外延伸

请学生做交通督导员，带领低年级的弟弟、妹妹遵守交通规则。

案例阅读：我与卖火柴的小女孩比童年

案例阅读：春游活动方案

第三节　班级综合治理

作为学校基本组成单位的班级，由于人员集中、学生个性及家庭情况各异，在日常生活中学生之间、学生与教师、学校与外部环境都可能存在某种矛盾或问题。为了给学生创造一个稳定、安全、温馨、和谐的教育环境，班级需要加强综合治理，尤其要做好班级小团体行为的引导与突发事件的处理工作。

一、班级小团体行为的引导

（一）班级小团体的特点

班级小团体，一般而言，就是本书前文所讲的非正式群体，这里从班级内来讲，将之命名为班级小团体。班级小团体是学生在共同学习和生活过程中自发形成的、普遍存在于班级内的一种非正式群体。在现今的小学阶段，班级小团体现象就已经非常普遍，究其形成原因，主要有以下三点[①]：

第一，从众心理。当看到他人三五成群时，小学生自然而然就会凑过去，也许没有特定目的，别的小学生如何选择，他就如何选择，有一定的从众性。

第二，不想被孤立。很多小学生小团体的形成在很大程度上是因为彼此需要关爱，不想被孤立，所以聚在一起，相互关照。

第三，有相似的性格和共同的兴趣爱好。交流是促进感情最有效、最直接的方式，有共通点的学生彼此之间有较多的共同话题，久而久之，就会感情深厚，自然地形成小团体。

小学生处在一个团体中，和团体成员一起学习、一起玩耍，表达自己的意愿，尽情地释放自己的天性，寻找心灵的交流与沟通，满足情感上的需求，这些均有助于促进小学生的心理健康发展。班级小团体有其积极的作用，但也有可能产生消极的影响，如有的"拉帮结派"，有的讲哥们义气，有的抱团对抗教师，有的结伙干"坏事"……类似的小团体行为有一定的危害性，处理不当的话，班级管理工作就会陷入被动，对于班级的团结或班级学生的性格养成、学习进步等方面都可能产生负面影响。

（二）班级小团体引导策略

那么，如何消除班级小团体行为的负面影响呢？这里主要介绍几种引导策略。

1. 利用优秀小团体的积极影响，带动其他小团体的进步

在班级中，每个小团体的类型不一样，产生的影响也不一样。如果班级中有学习型或兴趣型小团体，实习班主任一定要多加鼓励，必要时可对他们进行适当的奖励，引导其他学生向他们看齐。

---

① 吴飞燕. 小学生班级小团体现象及其引导策略 [J]. 当代教育理论与实践，2014, 6（7）：15-16.

2. 多开展一些积极的、有利于促进小团体相互关系的活动

实际上，小学班级中的小团体成员之间关系十分不稳定，因此，小学生小团体具有很强的可塑性。为此，实习班主任在组织开展各种活动时，可以把属于不同小团体的学生编排在一个活动组里，增加不同小团体学生间的交流机会。长此以往，每个学生可能既是这个小团体的一员，又是另一个小团体的一员，这样整个班级实际上就会成为一个不可分割的大团体，全体学生的整体意识就基本形成了。

3. 全面了解小团体的情况，改造消极、破坏型小团体

实习班主任可以利用小团体中核心人物威信高、能力强、影响力大的特点，委以重任，让他去影响团队其他成员；也可以利用小团体凝聚力强的特点，有意识地把班级中的一些工作交给他们做，如让他们一起学习、一起劳动；另外，注意将他们的兴趣转移到积极方面，如把好胜心理转移到学习或其他比赛活动上。

案例 7-6

我也加入"霸王团"[①]

最近，我感觉班级气氛有点不对头。一向拈轻怕重的洋洋总是替小朋、小宇值日，班长处理班级事务时也胆小怕事了，明明上课有人说小话，问纪律委员时他就吞吞吐吐。究竟发生了什么事情？在我的追问下，终于发现班上多出了个"霸王团"，成员为小朋、小宇、诚诚和东东。他们威胁同学，说谁敢告诉老师，放学后他们就会让谁回不了家。

我不动声色，他们也暗中观察我，发现我没有要采取行动的迹象，彼此脸上显出一丝丝得意。对付几个毛孩子，我还是有办法的——我决定主动加入"霸王团"。

这天放学，我发现洋洋又无可奈何地替小宇打扫卫生，便关切地问："小宇，你怎么了？"小宇忙说："我肚子痛。"我赶紧问长问短，并要带他去医务室。小宇不好意思地说："不用了，我现在好点了。"我拍拍他的肩膀："有困难找老师，不要客气啊！"然后我和洋洋一起扫起地来。小宇一脸感激，也跟着扫起来。然后，我用不同的方式"关注"了小朋、诚诚和东东。在一次次的"关注"中，我感觉到了他们对我的依赖和信任。三个星期之后，我如愿加入他们的"霸王团"，小朋诚恳地把"团长"位置让给我，并且保证："我们今后随时听候赵老师的吩咐！"

我担任"团长"之后，也没有急于解散这个小团体，而是鼓励他们在学习、卫生和个人形象上成为班上的榜样人物，让自己真正在别人心目中有分量。不久，"霸王团"脱胎换骨，其成员变成班级事务的积极分子了。

---

① 郑学志. 班级管理 60 问［M］. 上海：华东师范大学出版社，2012：13-19.

二、班级突发事件的处理

（一）突发事件的特点及处理的意义

班级突发事件是指班级日常生活中突然发生的、预料之外的不良事件或矛盾冲突的爆发。

从一般意义上讲，突发事件往往都是些棘手的班级事件，是事先难以预料、出现频率较低，但必须迅速作出反应并加以处理的事件，即在预定计划之外偶然发生的事情。例如，学生之间打架、意外受伤、课堂纠纷等。它可以分为课堂上和课堂外发生两种情况。

1. 突发事件的特点

（1）成因的不确定性。突发事件的导火线可能是学生主动点燃的，可能是学生被动引发的，可能是教师的疏忽造成的，也可能完全是外在因素造成的。

（2）出现的突然性。由于事出偶然，很难有预先的思想准备，加之这类事件往往是一个发生、发展急剧变化的过程，实习班主任没有充裕的时间仔细思考处理的对策，因而突发事件经常给人出乎意料的感觉。

（3）思想的冲击性。这类事件一旦发生，就会给全班学生造成一定的心理波动，使学生的注意力马上聚焦于事件的发展，会对多数人的思想产生冲击，还有可能带来一些负面影响。

（4）处理的紧迫性。这类事件发生后，需要实习班主任马上作出判断，在最短的时间内找到最佳的解决方式，争取获得最理想的处理效果。在此过程中，实习班主任要注意因势利导，随机应变，防止事态进一步升级，使事件的影响得到及时控制。

（5）后果的破坏性。一般来说，实习班主任在开展教育活动时都是有计划地进行的，而突发事件则会打乱原有的部署，使原本井井有条的教育活动无法按计划进行，活动效果会大打折扣。同时，由于突发事件的起因比较复杂和难以预料，处理起来有相当的难度，一旦处理不当，就可能会造成严重的后果，或师生关系紧张、对立，或同学矛盾愈发加深，或学生心理受到挫伤，或班级受到破坏。因此，实习班主任在面对突发事件时，一定要谨慎处理。

2. 突发事件处理的意义

如果实习班主任对突发事件处理得好，可以迅速有效地平息事端，那么就能变"坏事"为好事，提高自己的威信，增进师生间的了解，同时将其转变为对全班学生进行思想品德教育的一个契机。然而，一旦处理不当，事态极易激化，导致师生矛盾加剧，对学生的身心造成伤害。

虽然突发事件是事先难以预料的，但把所有的突发事件都看作是"偶然"的、意料之外的话，其实并不完全准确，因为"偶然"之中往往隐含着"必然"的因素。比如班级工作组织不严密，对学生缺乏全面的了解，作为实习班主任，工作不够细致周密等，都容易增加突发事件发生的频率。所以，实习班主任要有敏锐的洞察力，有处理突发事件的心理准备，多总结突发事件处理的经验，多探索处理突发事件的策略。

（二）处理突发事件的原则与方法

实习班主任应本着教育学生、促进班级工作和学生身心健康发展的原则处理突发事件，具体而言，要把握好如下几点原则与方法。

1. 公平公正

不管事情发生在学生与学生之间还是发生在学生与教师之间，实习班主任都要充分调查，了解事实的真相，并以事实为依据，公平、公正地处理问题。在寻求事件处理办法时，实习班主任可征求学生、家长、校领导的意见，这是处理好突发事件的有效方法。

2. 沉着冷静

通常在突发事件发生后，学生会处在不冷静的状态之中，班级气氛也很紧张，大家都十分关注实习班主任的态度和情绪。首先，实习班主任应沉着冷静，迅速稳定事态，使学生的情绪快速平静，为处理突发事件奠定一个良好的开端。

其次，实习班主任如果不冷静，急于解决问题，就会忽视对突发事件的成因和来龙去脉作认真的了解，容易偏听偏信、主观臆断，或只从"现象"来认识和解决问题，容易急于下结论，急于判断是非。这样就难以把握处理突发事件的分寸，导致处理不当和出现失误。所以，当突发事件发生后，实习班主任要保持冷静，及时了解情况，认真分析，并把握好处理的尺度。

想要做到沉着冷静，实习班主任就要迅速果断地决策，化解激化的矛盾冲突，稳定当事人的情绪，对全班学生（如果涉及面很广的话）提出要求，并随即机智地采用不同的方法来处理，对于全班出现的问题，立即处理；对于个别学生的问题，私下处理；对于课上的问题，课下处理。

3. 因势利导

遇到突发事件时，在通常情况下要立即处理，同时尽量不搁置原来的工作计划。所以，因势利导是处理突发事件的另一个重要原则。

首先，实习班主任必须全面了解学生。平时注意观察了解学生、分析研究学生，积累和掌握资料。只有这样，遇到突发事件时，自己才能心中有数，找到合适的解决方式。

其次，实习班主任必须努力构建较为融洽的师生关系，平时要善于组织各种活动，善于调解学生的矛盾关系，善于排除学生的心理问题。当突发事件发生后，实习班主任要积极与学生沟通，并取得班级舆论的支持。这样就便于与学生配合，使学生较容易接受自己的安排，使突发事件得到妥善处理。

最后，实习班主任要善于发现和捕捉突发事件中的"闪光点"和转化的"契机"，挖掘积极因素，化不利为有利，将突发事件的处理迅速转入最为有利的轨道。

4. 随机教育

突发事件通常是比较孤立的事件，大多发生在少数学生身上，但处理突发事件却要着眼于大多数，提高教育的效果。除了极个别的突发事件涉及个人隐秘，不宜公开处理外，大多数的突发事件都可以用来"借题发挥"，作为随机教育的内容。

心理学研究也表明：在正常情况下，学生的心理处于相对平衡状态，突发事件的爆发使这种心理平衡被打破。这时，他们对周围信息反应特别敏感，思想矛盾特别尖锐，是最易接受教育的时机。想要抓住这些时机，不仅仅要解决某个具体的矛盾，教育某个具体的学生，还要通过突发事件的处理，使大多数学生能够总结教训、提高认识、受到教育。因此，如果处理得当，突发事件可以成为教育学生的"契机"。

总之，实习班主任对突发事件处理的好坏，最能体现其师德、教育教学机智、理论修养的水平。同时，每次突发事件的正确处理都是对实习班主任工作的一次锤炼。所以，实习班主任在工作中更需要运用智慧，在不断实践中探索出具体的、生动的、行之有效的工作方法。

案例 7-7

好译通找到了 [①]

小光的好译通被人偷走了，这个好译通是他妈妈花2 000多元买的。晚自习快结束时，老师宣布：我们班的小光同学丢失了一个很贵重的好译通，这个好译通可能就在我们教室里。我们今天晚上要好好找找，争取把它找出来。第一，每个同学先把自己的抽屉和书包找一遍，然后到教室外面去排队，由老师和班干部在教室里再找一遍。这一步保证好译通会在某个同学的口袋里。第二步，老师再宣布，5分钟后准备搜身。现在想要上厕所的同学先上厕所。这个时候有个同学想要上厕所，老师同意。另一个也想要去，老师说，等一等，一个个地去，等前面的人回来了，下一个再去。很多学生上厕所后，有一个从厕所里出来的同学大喊：老师，好译通找到啦！在厕所的窗台上。

拓展阅读：自我教育的重要性

第四节　初步认识各方教育力量

一、争取学校领导层的支持和理解

学校领导层担负着整个学校的教育工作。班级管理是学校管理工作的基本组成部分，班主任是学校领导层落实学校教育工作的基本抓手。因此，班主任协调好与学校领导层的关系，不仅有利于学校教育工作的顺利开展，还有利于班级工作得到

[①] 万玮. 班主任兵法［M］. 上海：华东师范大学出版社，2004：97.

领导层的理解和支持。如果班主任与学校领导层之间关系处理得不好或发生矛盾冲突，往往会影响班主任的工作情绪，降低班主任的工作热情，直接影响班级管理的效果。所以，实习班主任应该重视与学校领导层协调好关系。

（一）了解学校组织机构

在依法治校背景下，学校实行校长负责制，实施"校本管理"。校长是学校管理工作的灵魂，是学校实现教育目标的关键。校务委员会是学校主要决策机构，它由校长、书记、副校长，以及教师、学生、家长代表组成。总务处、校工会等部门或组织是学校的二级机构，具体负责落实学校各项教育和管理目标。年级组是学校管理中的基层行政单位，直接管理其对应的班级。

（二）主动与学校领导层交流和沟通

班级管理工作具体、细小、烦琐，是具体落实学校教育管理政策的基本过程。实习班主任应结合实际工作，主动与学校领导交流和沟通，与领导建立和发展良好的人际关系，更是便于准确理解学校领导工作意图，领会学校领导对班级管理工作的具体要求，把学校领导的意图融入具体工作之中，从而提高班级管理工作的实效。同时，实习班主任应及时把有关班级管理工作的意见、建议与要求反映给相关学校领导，以供领导决策之用，为学校班级管理工作的顺利开展做出贡献。

（三）增强班级工作责任意识

学校的一切教育工作都要通过各个部门的通力协作，在学校的基层组织班级中这种需求尤其强烈。争取学校领导层的理解和支持，最重要的一点是强化责任意识。实习班主任应立足班级这一基层岗位，认认真真、踏踏实实地履行好班主任的职能，包括教育、管理、协调和活动组织等职能，并结合班级实际，创造性地开展班级管理工作。实习班主任的工作责任心、工作态度以及创造性如何，直接影响到学校各项工作的完成，影响到学生的成长，影响到自身与学校领导的关系。因此，实习班主任要服从学校领导的统一部署，接受统一安排，勇挑重担，尽心尽责地完成各项工作。

二、充分激活科任教师的教育合力

班级是否有教育合力，离不开每一位科任教师的参与、支持和配合。因此，和科任教师沟通，处理好与科任教师之间的关系，协助科任教师做好教学工作也是班主任工作职责的一部分。实习班主任可以从以下几方面着手。

（一）多与科任教师沟通交流

实习班主任应主动向科任教师介绍学生情况、班级建设目标和相关活动安排，同时，经常听取科任教师对学生情况的反馈及对班级建设的意见。多与科任教师的沟通交流，多向有经验的科任教师学习请教，能帮助实习班主任及时全面地掌握班级动态，不断完善自己的班级管理工作。只有与所有的科任教师携手，集思广益，共同关心班级的发展，才能充分激活教育合力。

（二）协助科任教师树立威信

实习班主任应利用各种机会树立科任教师的威信，多为科任教师"唱赞歌"。实习班主任可以召开科任教师见面会，介绍科任教师的事迹、爱好、特长等，并以此加深学生对科任教师的了解，增进学生对科任教师的好感；常常不经意地赞美科任教师，如拿自己的短处和科任教师的长处比较，不显山不露水，效果明显而不留痕迹。

（三）开展活动以增进师生情谊

科任教师的教育力量是建立在一定的师生情感基础之上的。为此，实习班主任应经常邀请科任教师参加班级组织的各种活动，如主题班会、节日联欢会、家长会、运动会、春游秋游等班级活动，还要充分利用教师节、元旦等重大节日组织学生为科任教师送去节日祝福等活动，开展尊师教育。

通过这些活动，科任教师可以发现学生的特点和长处，挖掘学生的亮点和天赋，在教学工作中就可以有意识地加以引导，激发每位学生的自信心和学习动力。同时，学生也能在活动中感受到科任教师的各种才艺魅力，对科任教师产生钦佩之情，从而增进师生情谊。

实习班主任还可以牵头组织各学科兴趣小组，请科任教师指导，如英语演讲比赛，数学兴趣小组，科学兴趣小组，文学兴趣小组……一旦学生写的小作文发表了，数学竞赛获奖了，科学竞赛获奖了，他们就会有成功的喜悦，也就会更加信任和钦佩科任教师。

三、充分发挥家长的教育合力

家庭是学生重要的教育场所，家长是学生的启蒙老师，良好的家庭教育可以促进学校教育的发展。家长是学生的法定监护人，有权利和责任让子女接受义务教育，也有权利和责任监督、参与学校的教育工作；而学校是从事教育的专门机构，在家校合作中应起到主导作用。因此，实习班主任应积极做好家长工作，争取家长的支持和配合。具体而言，实习班主任要做好以下几项家校合作工作。

（一）家访

在"互联网+"时代，电话、微信等交流方式非常便捷，但这并不能完全取代人们之间面对面的交流，家访仍是学校联系家长的一种重要形式。通过家访实习班主任不仅可以直接与家长交换意见，还可以亲自观察学生在家庭中的学习环境，亲自感受学生家庭中的情感气氛和文化氛围。一次成功的家访，不仅可以修正学校教育，还可以有目的、有意识地影响和指导学生的家庭教育，通过改善家长的教育方式，来巩固、强化和助推学校教育。

1. 家访前的准备

事先与家长约定时间；充分准备有关学生表现的各种材料，包括学生在德、智、体、美、劳诸方面的具体表现，近几次的考试成绩在班级、年级所处的位置，及基于全面、客观、公正的原则给予学生的评价；事先规划好谈话主题；通过多种途径了解学生的家庭背景、家长的文化修养与个性特点、家长教育子女的态度与方法等，并在此基础上制订家访策略、编制谈话提纲。

2. 家访时的注意事项

实习班主任家访时要注意自己的言谈举止、仪表仪态，以坦诚、平等、合作的态度面对家长；以解决具体问题为主旨，以达成一定的共识为目的进行有效的家访，避免流于形式，走过场；抓住主题，朝着了解学生、教育学生的目的进行家访；面向全班学生，而不仅仅是针对"问题"学生作"告状"式的家访；注意自身安全，尽量邀请同事或热心、熟悉的家长同行。

3. 家访后的双向反馈与家访记录整理

在家访后，实习班主任要观察学生的反应和表现，检验家访是否达到目的。实习班主任还要做到双向反馈，即一方面请家长反馈，在家访后的一段时间内，向家长了解采取了哪些教育措施，学生在家的表现是否有变化；另一方面，及时将家访后学生在校表现情况反馈给家长。另外，在完成家访后，实习班主任应针对家访交流的重点形成家访记录，提交学校领导，以便必要时争取学校的支持。

（二）家长会

家长会是中小学在长期的教育实践活动中形成的学校教育与家庭教育相联系并形成教育合力的形式。在家长会上，班主任、任课教师和全班学生的家长，可以在一起交流班级教育情况、学生发展状况及家庭中有关教育的信息，从而取得教育学生的共识。

1. 家长会前的准备

首先，实习班主任根据学校教育教学工作的实际，确定会议目的和会议内容；可以和任课教师客观地分析现状，发现促进学生发展的有利因素和制约学生的不利因素，确定主要收集、交流哪些方面的信息，共同解决哪些问题，并明确分工。其次，实习班主任发布开会通知。一般提前2周发布通知，在通知中简要说明会议的目的、内容、时间、地点，并附学生家长对学校工作的意见、建议栏。会前1周回收通知回执，目的在于使学生家长做好充分的准备，落实到会人员，收集、整理学生家长的意见、建议，确定需要沟通解决的问题。最后，实习班主任和任课教师根据本班情况，准备内容翔实的发言材料，并做好会议的其他相关准备工作。

2. 召开家长会

围绕会议主题，大家开诚布公，广泛交流，达成共识，增强合力。在家长会上，实习班主任要紧紧围绕主题，与家长进行全面的沟通，形成合作意识。

（1）组织安排要全面

实习班主任、任课教师分工要明确；另外，应安排几名学生迎接学生家长，指引会议地点，使学生家长一进学校就感受到热情和温暖，为家庭教育和学校教育做好配合打下良好的基础。

（2）全面汇报教育教学工作

实习班主任从学校的教育教学目标、任务，到班级工作的组织落实，向学生家长作全面汇报，如在教育教学工作中，采取了哪些措施，组织了哪些活动，获得了哪些成效，教师是怎样教书育人的，学生在各项活动中有哪些突出表现，本班在学校以及在平行班中的优势和劣势等；同时简要介绍下一步的教育目标和措施，使学生家长对子女所在班级的教育环境有大致了解，有助于家长献计献策。

（3）面向全体学生，全面介绍学生个体发展状况

学生家长最关注的是子女在学校的发展情况，实习班主任应该既肯定成绩，又正视不足，从德、智、体、美、劳等诸方面介绍学生的具体状况，以及学生发展突出的方面。不要遗忘任何一个学生，对于潜能生，更要介绍其闪光点，肯定其成绩，要使家长了解自己孩子各个方面的情况，从而架起家长和学校之间沟通的桥梁。

（4）全面介绍学校对学生的管理规范与要求

全面介绍学校对学生的管理规范，明确提出家长需要协助教育、管理学生的要求，促进学校和家长形成共同负责的态度，用正确的教育方法共同塑造学生健康的心态，培养其良好行为习惯。例如，介绍学校管理制度、作息时间、请假制度，要求家长保障学生按时作息；指导家长督促教育学生遵守交通规则，确保交通安全，按时到校；提醒家长注意观察学生变化，及时发现并纠正其不良行为，切忌护短；要求家长尊重学生的人格，用科学的方法教育、引导学生，切忌用简单、粗暴的方式压制学生而影响学生的身心健康，导致不良的教育后果；等等。

（5）最大限度地了解学生

实习班主任要最大限度地了解学生的家庭情况和个人特点，与学生家长共同商讨教育措施，如怎样最大限度地让学生扬长避短，把教育理想和现实结合起来，激发学生的上进心？怎样做到言传身教的统一？如何创设良好的学校、家庭育人环境？

（6）在和谐、愉快的氛围中结束会议

实习班主任应充分肯定学生家长提出的合理意见和建议，总结会议收获，感谢学生家长对学校教育工作的大力支持，并期待今后更多地联系和沟通。

3. 做好家长会的记录

每次家长会要认真记录家长反映的情况和提出的意见，以便后续有针对性地开展工作。家长会的记录也可作为分析和反思的材料，以进一步改进家长教育工作。家长会记录表的内容一般包括开会时间、地点、主题、家长到会情况、会议议程及会议过程记录。

（三）鼓励家长参与班级活动

在班级中可以成立家长委员会，充分发挥家长的聪明才智为班级发展出谋划策、贡献力量。此外，实习班主任还可以鼓励家长参与班级组织的各种活动，让家长在活动中更加全面地了解子女的特点，便于更好地配合学校教育并做好家庭教育。例如，举行家长开放日等活动让家长有机会走进课堂，了解孩子的学习情况；

邀请家长参加各种联欢会、运动会、春游、亲子读书等集体活动，了解孩子在某一方面的特长。

（四）巧用家校合作平台

除了家访、家长会等传统的家校合作方式外，随着"互联网+"时代的到来，家校合作平台已然成为新时期家校合作的新模式。开展家校合作可以通过以下几类平台。

1. 微信群或 QQ 群

微信群或QQ群可以收发文字、语音、照片、实拍小视频、共享小型文件，具有实时性强等特点。实习班主任可以利用新生入学报到、家访或家长会等合适的时机，让家长扫描二维码加入班级家长微信群、QQ群，以便与家长们加强交流，分享班级动态、收发通知等。

需要提醒的是，教育部明文规定，教师"不得用手机布置作业或要求学生利用手机完成作业"[1]。因此，微信群或QQ群只能是家校交流的工具，教师不能"图方便"，将布置、批改作业的任务交给家长。

2. 专门的家校平台 APP

由于智能手机普遍应用，众多家校平台APP（应用程序，Application的缩写）成为集班级管理、资源共享和家校共建为一体的供学校和家庭全方位沟通的班级数字化综合平台。

家校平台APP将班主任、各学科教师、学生、学校行政管理人员以及学生家长组成一个"虚拟教学共同体"，使家校信息沟通、互动方式发生了较大变化，具有如下优势[2]：第一，家校平台APP可以每天提供家长所须知的信息通知，并通过"校园风采""校友圈"等栏目让学生、教师和家长都可以关注学校的最新消息。第二，通过家校平台APP的"互动聊天信息交流平台"，家长有更多的话语权和决策权，各方真正融入和参与，帮助家长了解学生在学校的学习和生活情况。第三，在家校平台APP强大的交互功能下，以学生为核心、无障碍的信息交流和资源共享使得家校合作针对性更强，当学生出现问题时能及时得到应对处理，能激发家长参与教育的热情。第四，家校平台APP可设"健康管理""营养测评""出勤管理""学校通知""健康反馈""班级互动"等功能，从形式和内容上加强家校合作的深度和广度。

目前，市场上的家校平台APP众多，需要教育行政管理部门或学校行政管理者筛选高质量的家校平台APP应用于家校合作中。

3. 网络云盘

网络云盘具有存储空间大、下载方便等特点，实习班主任可以建立属于班级家

---

[1] 参见教育部办公厅《关于加强中小学生手机管理工作的通知》。
[2] 闫佳坤. APP平台技术下的小学家校合作［J］. 教学与管理（小学版），2017（8）：13-15.

长的网络云盘，收集班级家长的匿名意见以及分享一些优质的教育资源，了解家长的教育理念，以及传达自己的教育理念，让家长更好地与学校站在教育孩子的同一战线上。

在建立好与家长交流、沟通的平台后，实习班主任就要巧用这些家校合作平台进行家校合作了。这里以微信群为例，介绍以下几点使用技巧：

（1）家长群是家长了解学生在校表现的第一步，也是实习班主任加深对学生家庭了解的第一步，在条件允许的情况下实习班主任可以在家长群中多分享学生在学校的表现，并鼓励家长分享子女在家里的表现，让家长群成为实习班主任与家长建立共同教育信念的信息桥梁。

（2）在家长群与朋友圈"晒教育"。在建立家长群后，实习班主任可以让家长加教师为微信好友，通过家长群、朋友圈传递教育理念，分享教育美文与教育视频，让自己的教育理念既有理论支撑，又像连载小说一样让家长爱不释手。

（3）分享你我，让朋友圈成为加深了解的平台。与家长沟通的难题往往是家长不了解教师的想法，而教师也忽视家长的诉求。有了朋友圈，有了家长群，这些不理解的问题就可能迎刃而解。实习班主任偶尔在朋友圈里晒晒自己班级学生的情况，晒晒自己的生活，让家长了解你的风格和个人品位，会让家长对你更加信任和放心，能够有效拉近实习班主任与家长的距离，让孩子的教育成为教师与家长谈资的一部分。

（4）私聊、闲聊也是家校合作的常用手段。在学生出现小问题或者表现好时，实习班主任可以通过微信私聊的方式跟学生家长取得联系，既不耗费时间，也不用担心由于经验不足不懂得如何面对家长。微信聊天往往会让整个聊天过程变得非常轻松愉快，而在微信聊天时，实习班主任需要注意的是学会在大部分肯定家长的做法的同时渗透自己的教育理念，让学生家长能尝试用自己的教育方式对子女进行教育；当学生家长有好的教育方式时，实习班主任也可以借鉴。总之，私聊、闲聊的过程能够让双方都有所收获。

（五）家长学校

实习班主任可以通过举行系列讲座等形式开办家长学校，传授家庭教育知识以提高家长的教育素养。在此，仅列举几种具体的形式：第一，举行系列讲座，如关于家庭教育的意义，如何对孩子进行品德教育、审美教育、健康教育等；第二，结合学校工作计划或家长的实际需要，组织家长教育子女的经验交流会，给家长提供相互学习的机会；第三，借助家校合作平台建立网上家长学校，或者以设立家长热线、设家长意见箱等形式与家长交流。

第五节　个别指导与心理辅导

班主任不仅仅是班级规范化管理的"法官"，也是个性化教育的"严父""慈母""良师""益友"。在管理学生过程中，实习班主任应掌握激励教育的方法，对一些有特殊教育需要的儿童（特殊学生）进行个别指导，同时，掌握心理辅导的基本知识与技能，适时开展小学生预防性与发展性心理辅导工作。

一、激励教育的方法

在开展素质教育的今天，在新时代教育思想指导下，班级管理中的班主任和学生双方在人格上应处于一种平等、信任、理解的状态。在班级管理中，实习班主任要营造师生和谐相处的氛围，善于发现学生的优点，培养学生的自尊心、自信心、上进心，采取满足学生心理需求的"多激励、少批评"的激励教育方法。

激励的目的是激发学生奋发向上、竞争进取的内驱力。从心理学的角度来看，一个学生如果受到教师正确而充分的激励，其内在潜能会得到充分的发挥。激励教育的方法主要有如下几种。[①]

（一）目标激励

实习班主任可以带领学生制订班级总体目标，帮助学生制订自己的发展目标及要实现的阶段性目标。目标明确，就会激励学生为实现目标而努力。目标激励在班级管理中具有较强的可操作性，学生能否实现目标也比较容易进行评估。

例如，有些学生学习比较吃力，可以制订能实现的目标，像熟记多少字词、能流利阅读哪些课文等。有些学生存在不好的行为习惯，可以设立一些良好的、具体的行为习惯目标，让大家帮助他们、提醒他们，一段时间后如果大家发现这些学生改掉了不良的习惯，他们的目标就实现了。在学生实现一些目标后，实习班主任可以为其确立新的目标，学生也会在自己已实现目标的激励下积极去实现下一个目标。

在目标激励的操作中，目标设立要切实可行，目标过高或过低都不能起到激励的作用。目标实现的过程和结果可以通过"成长树""成长路"等形式放置在教室的墙面上，通过张贴成熟的"果实"或征途上的小红旗等方式进行标注，让学生切实感受到自己的努力过程与成效。

（二）榜样激励

榜样的力量是无穷的，每个人在成长过程中都离不开榜样的激励。因此，实习班主任在班级管理中要向学生提供具有积极教育作用的榜样。

1. 以英雄人物、时代楷模作为榜样

中华民族有很多民族英雄、革命英雄、科学家等，他们都是很好的教育榜样。在现实生活中也有许多时代楷模，他们可能就在学校周围。实习班主任可以邀请英雄人物、时代楷模为学生进行先进事迹报告，让学生领会做人做事的道理，从而激发学生树立积极奋斗的目标和理想。

---

① 余忠淑. 小学班级管理中激励机制的构建［J］. 教学与管理，2012（35）：11-12.

2. 以班主任或任课教师作为榜样

在班级管理中，班主任自己就是学生最好的榜样。实习班主任要让自己的言行举止符合班级发展的要求，为学生作出表率。有时"喊破嗓子不如做出样子"，以身作则，时常会收到"此时无声胜有声"的效果。

3. 在学生中树立榜样

班上可设置"周星闪烁栏"，公平、公正地评出"每周一星"，诸如"纪律之星""卫生之星""习惯之星"等，让学生去学习、模仿身边的榜样，这样影响更大、效果更好。

（三）情感激励

情感激励即班主任仔细观察学生行为，探查学生心理感受，对其进行合理合情的引导激励，从而顺利推进教育管理，增强教育效果，实现班级管理目标。

根据心理学的"皮格马利翁"效应，小学生的成长更需要外力的支持和鼓励。因此，实习班主任要对小学生予以积极的期待。

1. 对学生投以期待的目光

目光是无声的语言。在学生努力的时候、在学生困难的时候、在学生获得成就的时候，投以鼓励、肯定的目光，会在无形之中让学生感到关心、支持和鼓励。

2. 给予学生积极的微笑

微笑是雨露和阳光。在学生遇到困难或取得成绩时，给予鼓励或赞许的微笑，会让学生感受到实习班主任的关心和支持，从而努力坚持下去。

3. 给予学生温暖的语言鼓励

仔细观察学生，从学生的言行举止中感受、发现其存在的问题，在恰当的时候与其积极沟通，用正面、积极、温暖而富有道理的语言去赢得学生的感情共鸣，达到帮助学生解惑、奋进的效果。

4. 为学生提供一些实际的帮助

当学生学习遇到困难时，实习班主任要积极联系任课教师找短板、解决问题，让其能与其他学生的学习尽量保持同步。当有学生生病时，实习班主任要积极帮助其就诊，必要时给予一定的物质帮助等。

（四）竞争激励

竞争激励是班级管理中一种有效的方法。在班级自主管理中实习班主任应当让学生承担一些工作，到一定阶段再进行评比，这样学生会努力做好分内的工作，以争取最好的评价，从而提高自己的各项能力。如为了改进课堂纪律，实习班主任可以让每个小组选一个竞争对手进行评比，看哪一组回答问题更好，更遵守纪律。这样的方式可以激发学生的竞争意识，加强其组织纪律观念，提高其参与课堂的积极性。

班级也可以举办形式多样的竞赛来鼓励学生拼搏、进取、创新，例如，可以向学生讲解森林面积减少的危害，倡导学生以小组开展比赛，看哪一组种的树成活率更高，长得更好。这既有助于植树造林，也有利于提高学生劳动、责任、合作的能力和精神。

我国各地都有丰富的民间文化，如民歌、舞蹈、手工艺等，班上可以多举办一些相关活动，提高学生展示美、创造美、鉴赏美的能力和素养。

在竞争激励中，要注意公平，否则会对学生成长与发展不利；要鼓励学生全员参与，让每个学生有机会、有权利参与，在参与中去体验、发展自己，培养其奋斗精神和相关技能；要注意在竞争中培养学生的合作意识。通过竞争与团队的合作，学生个体与班级都可以得到发展。

（五）参与激励

参与激励是班级人本管理的重要方式，即对学生授权，让学生积极参与班级管理。

第一，实习班主任指导，让每位学生都参与到日常事务中，让其承担责任与义务，尽量做到"人人有事干、事事有人干"，推动班级工作正常运行。

第二，让学生积极参与到班级各种活动中，使其亲身体验、感受、思考并得到能力的提高。实习班主任通过让学生积极参与，让其切实感受到主人翁的地位，激发出强烈的积极性、创造性，提升自我管理的意识和自身素质，形成内部效应；同时还影响和带动其他同学素质和能力的提高，促进整个班级其他方面的进步，形成外部效应，推动班级管理目标的实现。

（六）评价激励

正确评价能对学生产生强烈的激励作用。实习班主任要树立"一切为了学生发展"的教育评价理念，让评价体现教育性、激励性、发展性。评价激励的注意事项主要有以下几点。

（1）注重学生思想、道德、知识、能力等方面的综合评价。

（2）做到形成性评价和总结性评价相结合、定量评价与定性评价相结合。学生日常成长可以通过成长档案袋来记录，在成长档案袋中放入其平时的优秀试卷、绘画作品、手工作品、有代表性的奖励等各种代表成长进步的材料；同时，还可以收入不同阶段的学生自评与互评、教师或家长写的评语等。在学期结束时，实习班主任、任课教师和学生认真总结、反思档案袋中的资料，并作出全面的、客观的评价。

（3）以学生自我评价为核心，让评价主体多元化。建立学生、教师、家长、班主任、社区和专家等共同参与、交互作用的评价制度。评价要突出学生自我评价的地位，以多种渠道的反馈信息来促进学生的发展。

（4）优化评价方式。实行"等级加评语"的评价方式，等级可用"优秀、良好、你在进步、再努力"来体现。评价可以使用比较生动有趣的图案，如不同颜色的"星星"等来动态展示评价情况，通过发展性评价有效激励学生，实现学生全面发展的班级管理目标。

案例 7-8

常见班主任教育方法剖析[①]

1. "贿赂式"

（1）举例

①一个学生不喜欢写作业。有一天，他写作业了，于是班主任发给他一块巧克力，说："这是给你的奖励。"

②一个班干部不愿意为班级服务，班主任说："你干吧，等干完了，我允许你明天早上晚来十分钟。"

③一个学生很喜欢上网，班主任说："如果你一周不上网的话，我就准许你请假半天。"

（2）分析

这种方法用起来简单，当时效果也十分明显。但是，这种"贿赂式"奖励，容易使学生形成做任何事情都要讲条件的思维定式，不利于学生责任感和自律品质的形成，消极影响久远。

（3）解决策略

让学生知道该做什么、不该做什么，并让学生明白其中的原因。当学生表现良好时，班主任要及时给予肯定。

2. "无动于衷式"

（1）举例

①地上有一堆垃圾，班主任没有安排学生来打扫，可是没过一会儿垃圾便不见了。最后，班主任并没有过问是谁打扫了垃圾。

②一个学生高兴地对班主任说："我今天没有在课堂上睡觉！"班主任说："这是什么？这是一个学生应该做到的。"

（2）分析

由于种种原因，有意无意地漠视学生的良好表现，长此以往，就会降低学生的积极性，影响师生关系。

（3）解决策略

班主任应及时发现并肯定学生的良好行为，主动帮助学生形成良好的行为习惯。

3. "妥协式"

（1）举例

①一个学生喜欢在课堂上说闲话，班主任说："你能不能上课时不说闲话？"结果有老师反映，他开始在自习课上说闲话。班主任说："我也只能够要求他做到这

① 熊华生，李慧. 班级管理智慧案例精选［M］. 上海：华东师范大学出版社，2011：189-192.

一步了。"结果，没过多久他又在课堂上说闲话了。

②一个学生不交作业，班主任说："你能不能把你会做的交上来。"结果学生还是没交上来，他说自己什么也不会。

（2）分析

"妥协式管理"会让学生认为任何时候犯错都有回旋的余地。因此，他们总是不断地寻找机会，以达到偷懒或违纪的目的。

（3）解决策略

班主任应坚守原则，不随意妥协。

4. "先大棒、后面包式"

（1）举例

①一个学生要请假，班主任在了解到其请假理由不充分之后，劈头盖脸地将他批评了一通，可是到最后还是批准了。

②一个学生想调换座位，班主任先是不同意，可学生就是站着不走，班主任没办法，只好同意了学生的要求。

（2）分析

这种处理方式很常见，从表面上看，让学生吃了一点儿"苦"，但实际上却起到了鼓励学生通过"挨批评"来达到目的的作用。

（3）解决策略

在教育过程中，班主任心里一定要清楚什么是该坚持的事情，对于该坚持的事情，必须坚持到底。这样不仅对学生的成长有积极作用，而且还能树立班主任的教育威信。

5. "随意威胁式"

（1）举例

①班主任威胁学生："你下次再这样讲话，我决不轻饶你！"

②班主任对学生说："你再不交作业，我就通知你家长！"

③班主任对学生说："如果你再上网，我就开除你！"

（2）分析

如果学生犯了同样的错误，真的会不轻饶他、通知家长或者开除他吗？可能只是想吓唬一下学生而已。但这种"令出不行"的行为会让学生产生"班主任说的话可以不听""班主任只是说说而已"等错误认知。

（3）解决策略

班主任在学生面前出言要谨慎，自己做得到的、对学生有意义的事才跟学生说；明知很可能做不到或者说根本不可能做到的事，就不要跟学生说。

二、小学生心理辅导

作为实习班主任，应对小学生进行适当的心理辅导，目的是帮助小学生正确认识自己、评价自己，学会自我教育、自我指导，从而解除其心理困惑，充分发挥个人的潜能，促进其人格健康发展。

关心小学生的心理健康，及时对小学生进行心理辅导，是实习班主任的重要职责，而心理辅导是进行小学生心理健康教育的一把钥匙。小学生心理辅导的方法主要有以下几种。

（一）谈话式心理辅导

谈话教育是一门艺术。掌握好这门艺术，就会收到良好的效果。通过与小学生谈话，实习班主任能及时发现小学生的心理问题，从而帮助小学生克服自身的心理障碍。每次找小学生谈话前，实习班主任要先把握好小学生当时的实际心理——揣测的、防御的、恐惧的、沮丧的、对立的；针对小学生的实际心理活动，采用相应的对策，打开小学生的心灵之窗。

（1）放松小学生的情绪。热情地对待谈话的小学生，使小学生产生一种亲切感。可以从小学生特长、爱好开始，通过拉家常引出主题，再慢慢地引入正题，消除小学生的戒备心理，使谈话自然、和谐。

（2）随时调整自己的思维，以适应小学生的心理变化，随机应变，恰当处理。

（3）巧妙启发小学生开口谈话，表述自己的见解。教师不能单纯地讲理、训诫、批评，剥夺小学生的说话机会，这样会使小学生反感，失去辅导的意义。

（4）向小学生提供生活经验，促进小学生的模仿认同。

（5）善于选择场合。对于不同类型的小学生，选择不同的场合进行谈话，能产生最佳效果。

（二）讲座式心理辅导

即利用班会等集体活动进行集体心理辅导。根据小学生的接受能力、理解能力，开展形式多样、生动活泼的心理卫生讲座。

（三）联合式心理辅导

家庭是小学生的重要课堂之一，只有家庭、学校形成教育合力，形成一致的教育共识，才会取得教育的最佳效果。实习班主任要激励家长配合班级的心理辅导工作，做好小学生的心理调适教育。

（四）自我调节式心理辅导

解决心理问题和克服心理障碍，是一个渐进、转化的过程，而不是"立竿见影"的。实习班主任可以向小学生传授以下几种方法，让小学生学会自我调节，促进心理的健康发展。

（1）避开、转移。把一些不愉快的念头、感情和冲动置于一边，或把消极情绪转移到有意义的方面去，使自己在不知不觉中保持心境的平和。

（2）合理解释。搜集合乎自己内心需要的理由，减轻心中的烦恼和困扰。

（3）克制冲动，理智处理。在情绪冲动不能冷静时，要及时反思，理智地处理事情，避免做出过激的举动或做后悔的事。

（4）宣泄、松弛。将心中积压的消极情绪进行适当的释放，以松弛紧张的肌肉，缓和焦虑情绪。在过度伤心时，可以大哭一场；在郁闷时，可以找教师或挚友倾诉。

（5）模仿学习。选择适当的学习榜样，并加入集体活动之中，弥补自己的不足，使个人与集体、个人与个人之间的关系更加协调。

心理辅导是班主任人格力量的体现，而不仅仅是用技巧、语言在辅导。因此，实习班主任的人格力量与自身素质非常重要。实习班主任的人生经验、社会阅历、知识储备、生活态度、个性品质等都是影响辅导效果的重要因素。

（五）小学生心理辅导个案分析

案例 7-9

跑出教室的女孩

湖南第一师范学院实习生　李莉

小滕，女，9岁，小学四年级学生。家中常住人口为爸爸、妈妈、外公、外婆、妹妹和自己。从爸爸处得知，家中外公、外婆对小滕比较宠溺，孩子喜欢和妈妈顶嘴且不服管教，当家中有了第二个孩子后，主要由爸爸负责管教，且对其比较严厉。但从爸爸的描述以及行为观察中发现，爸爸对小滕的管教多有妥协且缺乏原则。

小滕在班上成绩比较好，并且一直担任班干部，喜欢被表扬和处在中心地位。班主任在日常的工作中较为关注小滕，对她的包容度也比较高。小滕口述班主任比较喜欢自己，但从小滕的表述以及行为表现发现，小滕对班主任却有些不尊重。小滕从小口齿比较伶俐，在家中一直喜欢和家长顶嘴，稍有不顺心就威胁家人自己要离家出走等。当小滕在读小学三年级时，家中增添了一个妹妹，她很不喜欢妹妹，曾经将妹妹放在门外希望有人能将其抱走；从三年级下学期开始，在班上的人缘不太好，在学校出现和同学闹矛盾或被批评时跑出教室藏起来。父亲觉得孩子有些狂躁，自己没办法管教，想带去医院检查一下。

从基本情况可以看出，小滕对自己的行为没有正确的判断标准，容易感觉到委屈，人际交往能力有待提高。三、四年级是小学生思维由具体形象思维向抽象逻辑思维转变的过渡阶段，同时学业压力和人际压力均有所增加，学习成绩下降易导致心理落差，自尊心易受打击，需要家长和教师加以注意和引导。恰好在这个阶段，家庭又增加了一位新成员，其归属与爱、尊重的需要受到威胁，小滕表现出了多种行为问题。

据此，我们向小滕家长建议：

第一，家庭成员应商议小滕的教养分工，如养育可以由祖辈帮忙，教育的主要责任仍由父母承担。

第二，在家中要给小滕立规矩。让小滕明白自己哪些行为是错误的，并与其一起商议规则清单，家长和孩子共同遵守。

第三，就小学生跑出教室藏起来的行为，因涉及安全问题，向家长说明要上报学校行政部门，并提醒家长如果再次出现这类行为，家长需要与学校签订协议，必要时需要家长陪读。

案例 7-10

她 逃 学 了

湖南第一师范学院实习生　朱哲翰

李某，女，12岁，六年级学生。一年级时，父母离异，由爷爷、奶奶抚养至今。爸爸已组建新的家庭并育有一儿一女，与继母生活在另一座城市，爸爸一年内与李某相处约20个小时，偶尔通电话；妈妈离婚后回娘家与外婆同住，近两年因抑郁症没上班，李某暑假去外婆家时，妈妈也几乎不和孩子交流。爷爷、奶奶现已七十多岁，身体状态良好，爷爷是退休工人，对于李某学习要求很严格。升入六年级后，李某经常和爷爷因为作业和手机等事情发生争吵；奶奶因为心疼小孩，对其比较宠爱。近日，因班主任向家长反馈其作业问题，爸爸赶回本市，可能是因为爸爸的几句训斥，李某便从家里跑出去且未到学校上学，最终老师和家人在社区公园将其找寻到。班主任反映李某是个好学生，在班级中各科成绩均为中上水平，上课认真，平时学习很努力，最近一个多星期开始拖欠作业，成绩下降。从同班好朋友处了解到，她最近一个多星期心情一直不好，曾说过觉得自己是多余的。在班主任的提议下，爷爷、奶奶、爸爸和孩子一起来到心理辅导室。

李某的父母离异，家庭结构特殊，妈妈患有抑郁症，父母的关爱较少，缺乏安全感；长年跟随爷爷、奶奶一直生活，奶奶宠爱，爷爷对其学习要求相当严格。随着年龄的增长，以及青春期自我意识的快速发展，她与爷爷的教育观念冲突日益严重；爸爸暂时回归，却因处理不当加剧了矛盾。

在心理辅导室内，心理辅导教师对李某及其家人进行了一次心理评估与辅导。

第一，了解并初步评估李某的情绪状态。李某情绪低落时间持续一个多星期，对学习没什么兴趣，对舞蹈和手机有兴趣，有逃学行为，但非抑郁症的"三低"症状。

第二，进一步询问最近的情绪事件，挖掘根源，消除隔阂。李某认为开心的事情是爸爸同意其去学舞蹈，有一个特别要好的朋友来找自己玩，爸爸因为担心自己从外地赶过来；悲伤的事情是最近爷爷生气的时候，总说要把她赶出去（注：李某突然哭出来，随即爷爷向其解释是气话，并承诺伤人的气话不再说，消除其心结）。

第三，对作业和手机问题进行澄清，引导家长将问题的原因从学习状态不好转移到问题的背后——期望得到家人的关注，引导家长意识到孩子可能因为缺乏足够的关爱而对自我价值有所怀疑和否定。

第四，肯定家人的爱与付出，引导每个家人给予孩子符合自己身份角色的温暖与支持，并根据家人和李某的期待进行约定。如：

（1）让李某说自己希望爸爸、妈妈、爷爷、奶奶为自己做什么；

（2）让家长们说一说自己希望李某做什么。

第五，通过"让李某与爸爸拥抱""让爸爸跟着老师将心中对李某的爱用话语表达出来"等仪式化过程，唤醒爸爸的责任意识，帮助父女之间表达情感，促进情感交流。

实习班主任在参与对小学生进行心理辅导的过程中，可用表7-2记录。

表7-2　小学生心理辅导个案记录表

学生姓名		班级		辅导老师	
时　间		地点			
家庭住址			父母联系方式		

辅导目标：

辅导过程：

辅导后记：

效果反馈：

三、特殊学生（儿童）的指导

这里主要针对实习生常遇到的农村留守儿童、父母离异儿童及潜能生这三类特殊学生（儿童）的指导进行阐述。

（一）农村留守儿童

当前，有很多农村家庭把子女托付给爷爷、奶奶或者外公、外婆，年轻父母不是在外经商，就是在外打工，他们很少有时间和精力照顾子女的学习和生活。这些儿童，就是我们平常所说的农村留守儿童。

有研究表明，农村留守儿童家庭存在的监管缺失、教育缺失和亲情缺失会使儿童的情绪与行为问题较严重，儿童存在情绪安全感较低、情绪不稳定、孤独、焦虑、抑郁、淡漠或敏感等情绪问题，行为问题发生率高达41.3%。[①]

---

① 黄月胜，范兴华，刘妍，等. 农村留守儿童情绪与行为问题的潜在类别及其家庭动因 [J]. 湖南第一师范学院学报，2019，19（5）：30-35.

对于农村留守儿童而言，他们多数时间是在学校度过的，学校也是实施关爱教育的主阵地。班主任是农村留守儿童学习、生活中最具权威的角色，自然地应该担负起农村留守儿童学校教育的责任。[①]

1. 通过情感活动培养农村留守儿童的独立性

小学是儿童情感发展的关键期，在与成人及伙伴的交往中小学生的情感体验丰富、深刻，实习班主任可以通过情感活动来培养其独立性，如：通过设计"做快乐读书人""情感加油站""我的情绪我做主"等主题班会，教会小学生了解并掌握保持愉快情绪及改变不良情绪的多种方法，同时给他们提供和创造体验快乐、享受快乐的机会，尊重小学生追求快乐的权利，让小学生感受到与伙伴做游戏、看电视、为伙伴服务的快乐，体验到愉快情绪给自己带来的舒服感受，体验到对父母与监护人的感恩、对家乡和学校的依恋。

2. 建立健全班级组织，满足农村留守儿童的归属需要

农村留守儿童往往由于家里缺少父母的关注和帮助，放学后不愿回家，或三五成群地无意义乱逛，或去网吧上网，导致贪玩厌学。实习班主任宜以小学生的居住地为主建立互助小组，各任课教师分工关注和指导，使农村留守儿童在生活、学习、思想和心理等方面都有同伴关心、有教师关注。学校还可以成立"放学后俱乐部"，丰富小学生的课外生活，俱乐部可设各种兴趣小组，"小老师"则由在某方面有特长的同学担当，教师只需提供机会让他们在班级、学校的各种活动中展现他们的成果。

在班级组织中，实习班主任可以为小学生创设一个想说、敢说、有机会说，并能得到积极回应和肯定的人际沟通环境，让小学生以不同的方式与不同的同学建立情感联系，每个小学生在不同群体、不同活动中都能有地位、有归属。

3. 开展各种班级活动，教会农村留守儿童合理安排闲暇时间

农村留守儿童最容易在课余时间出现监管空档，不能合理安排自己的学习、休闲、体育运动、文娱活动等，不能选择适合自己特点的有意义的休闲活动。因此，实习班主任要给予农村留守儿童在业余生活方面的温情关注，可以启发他们把休闲活动的内容与学习内容联系起来，让他们抒写自己的感受、体验、收获，从而明白作为主体的自我所应有的权利、应负担的义务和责任。

实习班主任可以组织开展各种班级活动，让他们的生活充实起来，例如：通过各种活动让他们表达自己的想法和感受，激发他们表现的欲望；通过对活动的指导，让他们的各种才能得到挖掘和发挥。实习班主任要以欣赏的态度对他们的表现给予反馈，增强其自信心和成功感，也让他们在各种活动中提高休闲的能力。

4. 为农村留守儿童创造良好的家庭情感环境

周宗奎等人研究发现，对于很多农村留守儿童来说，真正能够给他们提供帮助

① 王素华. 农村留守儿童教育之班级管理策略［J］. 教学与管理，2014（27）：86-88.

的不是学校而是父母。[①]农村留守儿童的问题，在微观上仍是家庭的问题，对于农村留守儿童的关爱，家庭是不能缺席的，也是不可替代的。因此，学校和实习班主任要让家长认识到子女的成长、快乐和幸福是一个家庭成功的重要体现，父母和孩子之间的感情交流非常重要，好的教育恰恰来自家庭和父母。

在具体操作层面，实习班主任可以在《给留守儿童父母的一封信》里向家长提一些建议[②]：

（1）请在可能的情况下，夫妻二人中尽量留下一人在家教育、培养孩子。

（2）无论多忙，每周要利用网络视频、电话等方式与孩子沟通交流，向孩子直接了解其学习、生活情况，鼓励孩子努力上进。

（3）经常与孩子当前的看护人联系，及时了解孩子的情况，务必多关心孩子，严格要求，不让孩子进游戏厅、网吧等场所。

（4）每月与班主任联系，及时了解孩子在学校的学习情况以及其他方面的表现，交流教育方面的问题。

（5）寒暑假要尽量与孩子团聚。

（二）父母离异儿童

在一个班级里，可能会有部分学生属于单亲家庭或再婚家庭，他们需要面对父母离异所带来的新问题。

作为一位实习班主任，首先要在班级中给每位学生建立档案，通过家访、谈话、填写家庭资料表等手段，了解学生的家庭具体情况。

有研究表明，父母离婚对子女的负面影响主要取决于两个因素：离婚后父母对孩子是否尽心尽责、学校社会环境的无歧视性，这为班主任如何教育与引导父母离异儿童提供了重要的工作思路。[③]因此，实习班主任一方面要积极与离异家长建立良好的沟通，使家长意识到离异不能影响他们对孩子的关心和爱；另一方面，要为父母离异儿童营造无偏见、无歧视的学校环境。以下列举一些具体做法。[④]

1. 倾听他们的心声

父母离异儿童因为家庭环境的巨大变化，常常无法排解内心的压抑，可能不会主动表达出来，而是仅流露在他们的习作、日记和平时表现中。实习班主任要明察秋毫，倾注真情，把握沟通时机，并注意沟通的方式，倾听他们的心声。

2. 用集体的温暖丰富他们的情感体验

实习班主任可以组织全班同学给他们过一个生日，每人送上一句真诚的祝福、一份小小的礼物；同时，还要让这些学生明白：记住别人的生日，别人也会记得他

---

① 周宗奎，孙晓军，范翠英. 农村留守儿童心理发展问题与对策 [J]. 华南师范大学学报（社会科学版），2007（6）：119-125.
② 郑学志. 班级管理60问 [M]. 上海：华东师范大学出版社，2012：191-193.
③ 徐安琪，叶文振. 父母离婚对子女的影响及其制约因素：来自上海的调查 [J]. 中国社会科学，2001（6）：137-149.
④ 郑学志. 班级管理 60 问 [M]. 上海：华东师范大学出版社，2012：196.

们的生日。

3. 保护他们的自尊

课堂学习或班级活动或多或少可能涉及一些家庭成员和睦相处、父母对子女无私的爱等家庭生活场景，实习班主任要尽量照顾父母离异家庭儿童的感受，避免让他们回答对其来说比较敏感的问题。

4. 鼓励他们积极参加班级活动、大胆交友

实习班主任可以多带领父母离异儿童参加班级的一些有意义的活动，鼓励他们多交朋友，培养他们阳光、开朗的性格。

5. 帮助他们正视现实

实习班主任可以通过合适的方式让他们明白：父母离异不是他们的过错，也不是什么羞耻的事情，那仅仅是父母在感情上出了点问题，并不是父母不爱他们了，他们也不是弃儿。实习班主任应相信儿童，有些事情挑明了，他们的心里会好受一些。

6. 学会感恩，感恩生命中出现的每一个人

实习班主任要善于挖掘资源，寻找身边自强自立的榜样，并让他们明白，这世界上还有许多比他们生活更艰难，但依然奋斗着、前进着的同龄人，让他们从榜样身上汲取前进的力量，做自己命运的主人，进而感恩这个世界，感恩身边的每一个人，感恩爸爸、妈妈给予他们生命……在不断的感恩中，学会感激现在所拥有的幸福，拥有健康向上的心理。

（三）潜能生

潜能生通常是指那些智力发育正常，但有问题行为或学习成绩差的学生。大量的班主任工作实践表明，潜能生虽然暂时在某方面落后，仍是可教育好的对象。做好潜能生的转化工作，也是实习班主任的重要工作内容。

1. 了解"后进"的原因，是做好潜能生转化工作的前提

一般来说，每一位潜能生在成长背景、个性特点、心理发展等方面都有所不同。因此，实习班主任应认真研究其"后进"的成因，才能有针对性地做好教育工作。

2. 在潜能生转化过程中应注意的事项[①]

（1）以爱动其心

要施之以教，首先要传递以爱。了解不同潜能生对爱的需要，比如有的潜能生需要的是感情上的温暖，有的潜能生需要的是尊重，有的渴望感受到教师的信任。因此，实习班主任要注意既要有爱的情感，还要有爱的艺术，且要注意爱的表达，让潜能生真正感受到教师的关爱。

（2）以理服其人

有的潜能生是因为认识上的问题而"后进"，对于这样的潜能生，实习班主任

① 庞云凤，王燕红. 小学班级管理策略［M］. 济南：山东人民出版社，2014：127.

应重点解决其对自身缺点和不足的思想认识问题。然而，实习班主任在转化其思想认识问题时不能强硬灌输，要动之以情、晓之以理，通过情景模拟、讲故事劝谕等方法进行说服教育。

（3）以智导其行

对于潜能生的转化教育工作，实习班主任要注重科学性和艺术性：首先，实习班主任要善于发现潜能生身上的闪光点，并创设机会突出他的闪光点，唤起潜能生向上的动力，通过闪光点带动其他方面的进步。其次，实习班主任要充分意识到潜能生的转化是一个循序渐进的教育过程。后进的问题不是一天形成，后进的转化也难免会有反复和冲突，实习班主任对他们要有更多的耐心和等待，反复抓，抓反复，在转化过程中不断肯定他们的进步。最后，对于潜能生转化过程中的家校合作，实习班主任尤其不能只报忧、不报喜。"请家长"是大多数班主任应对班级潜能生常用的一种手段，也是建立教师、家长二者联系的一种方式，但与家长联系必须遵循一条原则，即从鼓励出发，不能报忧不报喜。

案例 7-11

奥托·瓦拉赫的人生之路 [①]

奥托·瓦拉赫的成才过程极富传奇色彩。瓦拉赫在开始读中学时，父母为他选择的是一条文学之路，不料一个学期下来，教师为他写下了这样的评语："瓦拉赫很用功，但过分拘泥。这样的人即使有着完美的品德，也绝不可能在文字上发挥出来。"此后，他改学油画。可瓦拉赫既不善于构图，又不会调色，对艺术的理解力也不强，成绩在班上是倒数第一，学校的评语更是难以令人接受："你是绘画艺术方面的不可造就之才。"面对如此"笨拙"的学生，绝大多数老师认为他已成才无望，只有化学老师认为他做事一丝不苟，具备做好化学实验应有的品格，建议他试学化学，父母接受了化学老师的建议。这下，瓦拉赫智慧的火花一下被点着了，他好像找到了自己的人生舞台，化学成绩在同学中遥遥领先，以至于后来荣获诺贝尔化学奖。

该案例对潜能生的转化有一定的启示作用。教师对学生的评价应该是多方面的，不仅要关注学生的学科成绩，还要关注学生的身体素质、心理素质、文化素质的发展水平，这种多方面评价不仅有利于学生了解自己，同时也有利于教师发现学生的潜能。

如何才能做到多方面评价？首先，实习班主任要深入学生，加强与学生的交往，全面了解学生，从中发现学生思想、行为领域里的"闪光点"，并对这些"闪

[①] 参见百度百科中关于"奥托·瓦拉赫"的词条。

光点"给予保护和激励性评价，帮助学生正确认识自我、把握自我，进而到达成功的彼岸。奥托·瓦拉赫之所以能成为有用的人，就是因为化学老师很好地挖掘了他的"闪光点"。其次，实习班主任应向不同层次的学生提供平等的体验成功的机会，在一个领域表现得力不从心的学生有可能是另一个领域的佼佼者。

研习篇

第八章 学科教学研习

"教育研习"一词最早由华东师范大学提出，该校于 2006 年设计并实施了包括"教育见习、教育研习和教育实习"的"三习"实践教学体系。此后，浙江师范大学以课程的形式，于 2007 年在教育实习之后安排了教育研习。在政策层面，2016 年教育部《关于加强师范生教育实践的意见》首次将"三习"并列提出，要求"以教育见习、实习和研习为主要模块，构建包括师德体验、教学实践、班级管理实践、教研实践等全方位的教育实践内容体系"[1]，教育研习自此进入国家教育政策层面。那么，什么是研习？通俗地说，研习就是将学习和研究结合在一起，在研究中学习，在学习中研究。研习也有些比较学术化的定义，如教育研习是依据中小学教师岗位素质要求，对师范生在成长过程中应该有所关注并有效解决的一些关键、核心和要害问题，进行理论探讨、实践求证和有所作为的活动。[2] 总之，对于师范生而言，教育研习既是成长为一名新时代合格教师的必经之路，也是获得反思意识和研究能力、避免日后"只教不研"的职业生涯瓶颈过早出现的利器，值得特别关注。

---

① 参见教育部《关于加强师范生教育实践的意见》。
② 杨必武，尚继武，朱凯. 师范生教育研习的问题与改进策略 [J]. 湖北工程学院学报，2018（1）：82-85.

第一节 课程标准与教材研习

掌握现行国家学科课程标准的精神要旨与具体规定，把握所使用教材的基本体系，并学会解读教材内容的原则与方法，是较好地开展学科教学的前提，因此也是学科教学研习的主要内容。

一、研习案例导读：《统编版 1—3 年级小学语文古诗文的题材构成》

自2012年以来，习总书记多次强调中华优秀传统文化的重要作用。现行统编版语文教材，大幅度增加了古诗文篇目。该案例作者从题材归属的角度，对统编版和此前人教课标版小学1—3年级语文古诗文选文进行了文本分析，对比得出统编版小学语文教材在选择古诗文时对题材方面的取向与要求。案例详见二维码。

案例阅读：《统编版 1—3 年级小学语文古诗文的题材构成》（节选）

二、研习方法：内容分析法

（一）内容分析法的概念

内容分析法是教育研究中的一种常用方法，它针对用文字、图形、音频、视频等记录保存下来的资料内容，通过比较、分析、归纳，从中提炼出评述性的说明。在针对课程标准、教科书等课程领域的研究中，内容分析法是使用频率最高的方法。

（二）内容分析法的特征

内容分析法是一种基于定性的定量研究方法[1]，它需要对相关研究内容做客观而系统的量化，但这些量化都以研究者的定性理解与编码为前提，所以，内容分析法具有定量与定性相结合的基本特征。

具体来说，内容分析法不同于一般的举例式文本分析，它以量化作为基本手段，侧重分析文献信息内容特征中的"量"，要求对所分析内容中的对象进行穷尽性分析，得出次数、频率、百分比、平均值、中位数等描述性数据，或者还需以此为基础，进一步开展推理性的方差分析、回归分析等，从而推导出对象所蕴含的意义、背景、原因、趋势等定性结论。但同时，内容分析法又必须采用质性的行为科学的研究手段，对反映特定内容的文字符号进行深入的文本细读，这一细读过程体现出研究者强烈的主体创造性。当内容分析的对象数量庞大时，研究者还可借助NVivo等质性分析软件进行辅助分析。

---

[1] 谢幼如，刘铁英，高瑞利，等. 网络课程的内容分析与评价研究［J］. 电化教育研究，2003（11）：45-49.

案例 8-1

1986—2001 年小学语文教学大纲口语教学要求的演变 [①]

1986年《全日制小学语文教学大纲》修正了1963年、1978年教学大纲对听说训练的忽视，虽然对于听说的要求仍然包含在"作文"的内容当中，但却鲜明地提出"听话"与"说话"的名称。此外，该大纲受"语言美运动"影响，"礼貌"一词出现了9次，在听的方面5次强调要"认真"，还提出了要"边听边思考""不随便插话"；在说的方面5次强调"口齿清楚"，3次强调"态度自然"（1—2年级要求"声音响亮"，3—5年级要求"态度自然"），同时还提出了"声音适度"的要求[②]。1988年颁布的《九年义务教育全日制小学语文教学大纲（初审稿）》在1986年的基础上进一步把"听话、说话"作为与"识字、写字""阅读""作文"并列的一项单独学习内容，还提出"听话要耐心，说话要得体""语调适当""能创造性地复述课文"的要求。1992年颁布的《九年义务教育全日制小学语文教学大纲（试用）》虽然说明"听话、说话训练是语文教学的重要任务"，但没有1986年、1988年那么重视，而且1986年、1988年颁布的教学大纲中关于语言态度的词句，在这一版中只留下了"礼貌"（1次）、"要专心"（1次）和"养成边听边想和先想后说的习惯"（1次），其他的全都删掉了。

2000年颁布的教学大纲把"听说"改成了"口语交际"。除了传统的对于语音标准、表达简要、条理清楚、围绕中心等听说能力的核心要求之外，出现了一系列阐述口语听说态度的词语，即"愿意""大方""礼貌""倾听""请教""商量""耐心""主动积极"。2001年课程标准涉及交际态度的词语更多一些，包括"倾听""表达""交流""沟通""交往""合作""自信心""打动""尊重""理解""乐于""敢于""耐心专注""自信""负责""感染力""说服力"共17个词语；同时，还出现了关注语用的句子，比如注意"对象和场合""语气、语调适当"，调整"表达内容和方式""理解对方的观点与意图"，以及"文明得体"地交流、提高"应对能力"等。

（三）内容分析的主要范畴 [③]

第一，概念分析。主要是对单个词语或词组表达出来的概念在特定文献中的出现频率进行统计，以此来推断文献的内容特征。对于概念的分析，要注意不能漏掉相同范围内容中的相近概念。比如分析某套教材中的"教师"概念，需要预先设计

① 曾晓洁. 现代汉语母语教育史研究［M］. 北京：光明日报出版社，2013：229-230.
② 此时的小学在城市试行六年制，在农村实行五年制，这里的数据是六年制的。五年制的总体要求一样，不过因为少了一学年，上述有些词语的频次相应地也减少1次。
③ 王曰芬. 文献计量法与内容分析法的综合研究［D］. 南京：南京理工大学，2007：24，36.

并统计"教师""老师""先生"等概念的出现频次与位置。

第二，内容解读。内容解读要求通过细读、理解，阐释文本内容所传达的作者或编者的意图。"解读"不能仅对字面事实进行简单解说，而要从整体的、更高的层次上把握文本内容的复杂背景和思想结构，从而发掘文本内容的真正意义。内容解读常用于对文学经典名著进行分析，在教育研究领域中则是课程标准解读、教材研究的常用方法。

第三，关联分析。内容分析不是对单一文献的分析，所以往往需要一边解读，一边对文献内容中的有关信息单元进行比较与推断。这些关联推断，包括相关概念之间的关系，概念与上下文的关系等。有关信息单元之间的关联，可能是不同时序的，也可能是共变的，还可能是因果的。值得注意的是，关联分析一般以概念分析和内容解读作为基础。

拓展阅读：《内容分析法学科基本理论问题探讨》（赵蓉英、邹菲）

三、内容分析法的操作特性

内容分析法的基本程序，具有与运用其他研究方法开展研究的一般共性，比如先要提出研究问题、确定研究目的、选定研究对象，最后要解释与得出结论，并撰写研究报告。除此之外，内容分析法也具有自身的操作特性，主要体现在选择分析单元、确定分析类目、进行定量与定性处理这三个方面。下面，以教材研究为例，介绍内容分析法的这三个操作特性。

（一）选择分析单元

确定哪些单位作为分析单元，要以研究目的为依据。分析单元是内容量化依据的标准，章、节、单元、课、段、词、句、字、页等都是内容分析最常用的单元。

（二）确定分析类目[①]

教材的类目分析，一般包括"说什么"和"如何说"两大类目。前者主要用以测量教材内容的实质，包括主题、思想、特征、人物、选材、出版等。如案例8-1《统编版1—3年级小学语文古诗文的题材构成》，即以题材作为分析类目。后者则主要用以测量教材的内容形式，包括传播的类型、叙述的形式、感情强度、策略等。

需要注意的是，作为一种包含量化分析的研究，内容分析法对于分析单元、分析类目的信度与效度具有较高要求。其中，信度分析一般采用测试项分类的方法，通过由其他人参与分类后的结果一致性比较，考查研究者所做的分析单元、分析类目是否有较好的可信度。效度，指在根据类目进行的进一步材料分析中，能由熟悉教材对象的多人反复讨论，以保证没有遗漏重要项目。另外，修改后要进行试用，

---

① 姚冬琳. 内容分析法在教科书研究中的应用 [J]. 现代教育科学，2011（4）：45-47，14.

以确保具备较高的效度。

（三）进行定量与定性处理

在分析单位和分析类目确定以后，接下来就是开展分析工作了。分析时要兼顾量的分析和质的分析，具体可参见前面对"内容分析法的特征"的阐述。如案例8-1中的频次、百分比等就是量的分析，是描述性的量的分析。当然，也可以在此基础上进一步了解各分析项之间的关系，开展推理性分析，如不同作者与题材之间的关系等。质的分析主要是探讨文本所隐含的意义，可依照研究的具体内容而选用不同的研究模式。例如，对教材中教师形象的研究就会涉及以下质性问题分析——插图中的教师形象是否有性别与年龄差异？教师形象一般出现于何种场景？教师在这些场景中一般扮演什么角色？人们对这些内容是否存在刻板印象？等等。

第二节　课堂教学研习

在开展课程标准与教材研究的同时，我们还要开展课堂教学研习。因为根据课程标准要求和教材本身的特点解读教材，只能保证教师本身对教学内容有较好的把握，但教师要把自己理解的教学内容真正转化为学生能够掌握的知识，还需要了解课堂教学的规律与常用方法，而开展课堂教学研习则有助于实现这一目标。

一、研习案例导读：《小学语文名师群文阅读教学课例分析》

群文阅读教学不同于传统单篇阅读教学，它是教师在一定时间内，针对某一个议题，选择多篇相关文本，在教学中对学生进行相应引导、点拨的一种阅读教学模式，它使课堂内的大量阅读成为可能，也有助于运用集体氛围提升学生的阅读速

案例阅读：《小学语文名师群文阅读教学课例分析》（节选）

度。但文本体裁、教师素养、学生阅读基础等对群文阅读教学有所限制，为此，该案例运用课堂观察法，从教学内容、过程、策略等方面，对蒋军晶老师的《武松打虎》等人的阅读教学经典课例进行了教学特点的分析。案例详见二维码。

二、研习方法：课堂观察法

观察法是一种较为基本和常用的教育研究方法。其他一些研究方法或者从观察法发展而来，或者建立在观察法提供的事实基础上，它们与观察法都有着不解之缘。任何联系实际的科学研究都离不开观察。

（一）课堂观察的价值

研究课堂是课堂观察的重中之重。因为小学教育教学研究的主阵地就是学校，就是课堂。顾泠沅教授提出，从20世纪中叶以来，关于课堂的研究经历了这样的过程：从工程式研究到文化生态的整体研究，从接受式教学与活动式教学的两方对峙到成为前进中的两极张力。课堂研究正在完成从外显到内隐、从行为到心理、从局部到整体的转变，逐步形成了全面关注课堂学习的格局，甚至专家们提出了"改革最终发生在课堂上"的观点。从这个角度出发，"聚焦于课堂"既是一种研究的趋势，也是提高教学质量的内核所在。[①]

实习生初到小学，迫切需要了解与熟悉的是小学课堂及课堂中的小学教师与小学生。因此，我们可以着重从课堂观察的角度来分析观察法在课堂教学研究中的运用。作为实习生，你是以参与者的身份来到小学的，有"人在现场"的天然优势。基于这一点，这里介绍的观察法主要侧重于参与式观察。所谓参与式观察，就是研究者深入到所研究对象的生活背景中，在实际参与研究对象日常社会生活的过程中进行观察。

（二）课堂观察的目的

与日常观察相比，课堂观察是一种有目的、有意识的教学研究活动。我们应该带着明确的目的（比如观察教师提问的质量、学生课堂参与程度、教师讲授与互动的时间分配等），凭借自己的一双慧眼以及有关辅助工具（观察表、录音录像设备等），直接从课堂情境中收集资料。实习生可以从不同的角度较为全面地对课堂教学过程进行考察。在观察时，为了尽量保证观察得更加细致，收集到的资料更加全面，有时实习生也可以借助录音或录像设备，但在使用这些设备做记录时，通常需要获得观察对象的同意。

拓展阅读：《课堂观察的基本范式与中国化路径》（陈梦琪）

三、课堂观察的主要步骤

实习生作为参与式观察者，观察的核心是增进对观察对象的了解。实习生只有置身于主位，才能感同身受，对观察对象有恰当的解释（如表8-1）。

参与式观察通常包括以下一些具体的步骤：

（1）我想观察什么？——拟订观察内容；

（2）我要到哪里观察？——进入观察现场；

（3）我打算如何观察？——选择观察工具；

（4）我观察到了什么？——记录观察信息。

---

① 王洁，顾泠沅. 校本教研：行动与文化的变革［N］. 中国教育报，2007-07-13（005）.

案例 8-2

谁在发言？ ①

在小学课堂里，谁更容易得到发言的机会？是男生还是女生？是坐在前排的孩子吗？是成绩好的孩子吗？这些问题构成了简单的结构性观察项目，带着这些问题我来到了一所小学。进入观察现场后，我发现这些"客观"的观察指标并不能解释我所看到的师生互动，于是，我把观察内容逐步聚焦在学生的语言特征上。几位小学生引起了我的注意，他们或聪明伶俐，或落落大方，或鲁莽顽劣，在他们身上隐藏着我真正想了解的东西。以下是这次课堂观察的步骤与具体内容。

表 8-1　课堂观察步骤与具体内容

观察步骤	具体内容
确定观察目的	小班教学中的课堂人际互动
确定观察项目	师生互动、生生互动、言语和非言语行为
进入观察现场	某年级（1）班的道德与法治课（公开策略）
准备观察工具	座位编排表、记录纸
明确观察角色	听课教师身份（参与的观察者）
进行观察记录	师生问答频率、生生互动性质与频率、问答内容、互动内容、教师的教学行为、学生的绘画
整理观察笔记	描述性笔记和分析性笔记

上述案例有很强的操作指导性。由于实习生进入指导教师的课堂只要获得允许就可以，因此这里重点介绍课堂观察步骤中的三个重点，即课堂观察内容的确定、课堂观察工具的准备和课堂观察信息的记录。

（一）课堂观察内容的确定

有学者提出，课堂观察活动可以从以学生学习、教师教学、课程性质、课堂文化四个维度构建的课堂观察框架中选定观察点进行。②课堂观察的四个维度各有所指，又相互关联。学生学习维度主要关注怎么学或学得怎么样的问题。学生是课堂学习活动的主体，是课堂学习的积极参与者和主动建构者。学生的有效学习是课堂教学成功的决定性因素。教师教学维度主要关注的是怎么教的问题。教师是课堂教学的组织者、引导者、促进者。教师灵活运用各种教学资源、教学方式等的教学行为在很大程度上影响着课堂教学的有效性。课程性质维度主要指教和学的内容是什

---

① 严开宏. 小学教育研究方法［M］. 上海：华东师范大学出版社，2010：175-176.
② 沈毅，崔允漷. 课堂观察：走向专业的听评课［M］. 上海：华东师范大学出版社，2008：77.

么。课程性质是师生在课堂中共同面对的教与学的客体。在以上三者之间，学生学习和教师教学通过课程发生联系，在整个互动、对话、交往的过程中形成课堂文化。课堂文化维度是课堂中各种要素多重对话、相互交织、彼此渗透形成的一个场域。课堂文化关注的是整体的课堂怎么样的问题。

所以，课堂观察框架的使用，主要是通过课堂观察求得如下四类问题的解决：（1）学生在课堂中是怎样学的？是否有效？（2）教师是如何教的？教学行为是否适当？（3）这堂课是什么课？学科性表现在哪里？（4）我的整体课堂感受如何？建议对上述内容感兴趣的实习生阅读由沈毅和崔允漷主编的《课堂观察：走向专业的听评课》一书。

课堂观察的内容可以因观察的目的和任务不同而有所不同。例如，对学生学习的观察可以从准备、倾听、互动、自主四个维度来设计观察点[1]，而对教师教学的观察可以从环节、呈示、对话、指导、机智五个维度来确定观察点[2]。具体内容可以参见表8-2。

表 8-2　小学课堂观察记录表

观察者：　　　　　　被观察者：　　　　　　观察日期：

维度一：学生学习	
视角	观察点举例
准备	学生课前准备了什么？是怎样准备的？ 准备得怎么样？有多少学生做了准备？ 学优生、学困生的准备习惯怎么样？
倾听	有多少学生能倾听教师的讲课？ 能倾听多少时间？ 有多少学生能倾听同学的发言？
互动	同学之间有哪些互动行为？ 参与提问/回答的人数、时间、对象、过程、质量如何？ 参与小组讨论的人数、时间、对象、过程、质量如何？ 参与课堂活动（个人/小组）的人数、时间、对象、过程、质量如何？ 学生的互动习惯怎么样？
自主	学生可以自主学习的时间有多少？有多少人参与？ 学困生的参与情况怎样？ 学生自主学习形式（探究/记笔记/阅读/思考）有哪些？各有多少人？ 学生自主学习有序吗？学生有无自主探究活动？ 学优生、学困生情况怎样？ 学生自主学习的质量如何？
维度二：教师教学	
视角	观察点举例

① 沈毅，崔允漷. 课堂观察：走向专业的听评课［M］. 上海：华东师范大学出版社，2008：109.
② 沈毅，崔允漷. 课堂观察：走向专业的听评课［M］. 上海：华东师范大学出版社，2008：111.

续表

环节	由哪些环节构成？是否围绕教学目标展开？ 这些环节是否面向全体学生？ 不同环节／行为／内容的时间是怎么分配的？
呈示	怎样讲解？讲解是否有效？ 板书是怎样呈现的？是否为学生学习提供了帮助？ 多媒体是怎样呈现的？是否适当？是否有效？ 动作（实验／制作）是怎样呈现的？是否规范？是否有效？
对话	提问的对象、次数、类型、结构、认知难度怎样？是否有效？ 有哪些话题？话题与学习目标的关系如何？
指导	怎样指导学生自主学习（阅读／作业）？是否有效？ 怎样指导学生合作学习（讨论／活动／作业）？是否有效？ 怎样指导学生探究学习（实验／课题研究／作业）？是否有效？
机智	教学设计有哪些调整？为什么？效果怎么样？ 如何处理来自学生或情景的突发事件？效果怎么样？ 呈现了哪些非言语行为（表情／移动／体态语）？效果怎么样？ 有哪些具有特色的课堂行为（语言／教态／学识／技能／思想）？

（二）课堂观察工具的准备

在复杂的课堂情境中进行课堂观察，必须借助一定的工具才能进行有效的观察记录。因此，实施课堂观察需要事先准备一些观察工具。

比较容易得到的观察工具就是现成的工具。那么，如何选择已有的观察工具？实习生可以主要考虑以下三个方面的因素：一是观察点，如果想观察"提问的数量"，则应该采用定量的观察记录工具；如果想观察"问题的认知层次"，那么应该采用定性和定量相结合的工具；如果想观察"情境创设的效度"，显然应该采用定性观察记录工具。二是观察者自身的特征，如观察"学生活动创设与开展的有效性"：若想从学生参与活动的人数和态度来判断，那么在界定不同态度表现行为的基础上，采用定量的记录工具是合适的，但这要求观察者有比较好的视力、良好的反应能力、快速的判断能力；若想从活动的难度系数及学习目标达成情况来判断，那么需要记录教学过程中的一些行为、对话、情境等细节，这需要观察者有快速记录的能力和较好的记忆能力。三是观察条件，如观察"课堂对话的效度"，观察者除了要有快速记录的能力外，还需要一些录音录像设备，否则，对话过程中的语调和神态等对话要素很可能无法记录。

（三）课堂观察信息的记录

观察记录可以分为量化和质性两种。量化的观察记录指根据事先设计好的观察表，对特定行为发生的频次、时间和程度进行登记，在处理资料时描述各类行为的数据分布状态。质性的观察记录可以完整地、原生态地记录事件发生的过程。它类似记日记，一般包括描述性的部分和分析性的部分。描述性笔记是记录实际发生的事件和情境，分析性笔记是记录观察者对观察到的事件的推论和解释。研究的问题常在研究过程中不断被重构，花费的时间一般较长。只有在搜集了大量客观资料后，才能够提出问题。

下面是一份小学英语教学观摩研讨会课堂观察记录表，其记录重点是上课的流程及每一时段的师生活动。

案例 8–3

小学英语教学观摩课记录（四年级对话课）[①]

时间	教师活动	学生活动	建议与评论
9：02	问候学生； 问学生：Where do you come from？ 请学生介绍南京； 说明形成性评价：照片被覆盖，回答一次揭开一个部分，看谁先看到整张图片	让学生问候老师； 学生介绍：This is the Nanjing Yangtze River Bridge.	为什么要介绍？
9：05	导入：Can I see it？ This picture is his. It isn't mine. 讲授：Is that your picture？ 　　　No, it isn't mine. 板书，带读	跟着教师的思路说；学生使用了一些非目标语句，如：Do you like this picture？	没有真实语境的导入，这导致学生使用了很多非目标语言
9：08	导入：I will see the picture. It's really a nice house. 导入：It's hers.	学生回答、跟读	
9：12	请一个男孩、一个女孩到教室前，让学生猜测图片是谁的； 导入：Maybe it's the boy's. Maybe it's the girl's. 导入：Whose picture is this？ 让部分学生先看到结果，让其他学生提问这部分学生		学生没有理解这个活动
9：15	导入：camera 给学生照相； 再次呈现：It's a nice house. 导入：I'm going to take a picture. 导入：She's standing in front of the house. I'm going to take a picture in front of the house. 请多位学生单独重复这个语句，让学生都站到房子图片前； 导入：I'll take the picture for you. 真实照相	跟读 照相	
9：20	呈现课文； 让学生看动画，听课文对话	听	经过将近 18 分钟的导入才进入课文，使课文完全失去语境作用。 整个导入过程不够流畅，语境和语用的真实性不足，导致学生难以配合

[①] 参见鲁子问博客中有关"课堂观察记录——第五届全国小学英语教学观摩研讨会"的文章。

续表

时间	教师活动	学生活动	建议与评论
9：21	带读课文； 并回答一个问题：Whose camera is that？	跟读	
9：24	让学生齐读； 让学生分组分角色朗读	齐读对话 分角色朗读	
9：26	让学生分组展示朗读	绘声绘色地朗读	
9：27	教师找不到 map、umbrella，让学生编对话，帮教师找	编对话	不如失物招领等活动真实
9：30	让学生展示对话； 帮助学生完成对话	第一组学生只是说了"Is this yours？"，第二组在教师的帮助下呈现了较完整的对话	只有少数学生能运用所学语言，说明活动难度不合适，或教学目标没有实现
9：33	下课		

总评
很好地运用了照相机，在课堂进行真实的照相活动；
板书也有特点；
脱离课文的导入语境、语用应该更真实，否则应该基于课文导入；
学生不能运用所学语言，这是教师需要深度反思的

第九章　教育管理研习

　　教育是教育者根据一定阶级需要、社会需要与人的身心发展规律，有目的、有计划、有组织地对受教育者传授知识与技能、培养思想品德、发展智力体力的活动。因此，除了教学这一中心活动外，教育几乎渗透在学校生活的每一个方面。相应地，教育研习的对象除了课程标准、教材、课堂教学等学科内容，还必须包括课堂管理、班级管理等日常教育管理内容，而特殊学生的成长追踪也是课堂和班级管理研习的重要组成部分。

第一节　课堂与班级管理研习

　　在课堂与班级管理中，实践经验固然十分重要，但自身实践经验只是单纯的直接经验，我们还要从他人发表的相关成果中获得间接经验，同时也需要对自身的直接经验进行反思性研究，从而提高课堂与班级管理的实效性与经验的可推广性。

一、研习案例导读：《小学实习教师课堂纪律管理的叙事研究》

　　"如果不坚强而温和地抓住管理的缰绳，任何功课的教学都是不可能的。"[①]实习生在初次参与教学时，面临的第一个问题就是如何进行课堂纪律管理。由于缺乏工作经验、不善交流、无法及时应对教学问题等，实习生在课堂纪律管理上面

案例阅读：《小学实习教师课堂纪律管理的叙事研究》（节选）

临较大挑战。本案例的作者带着如何抓好课堂纪律管理的问题，以实习生和研究者的双重身份，描述自身课堂纪律管理的教育生活，搜集和讲述相关的教育故事，并在解构和重构教育叙事材料的过程中，对自身的课堂管理行为作出反思与评判。案例详见二维码。

二、研习方法：教育叙事法概述

（一）何谓教育叙事

　　教育叙事作为一种以叙事的方式开展的教育研究方法，其基本特征是以叙事、讲故事的形式记录在自己的教育实践、教育生活中发生的各种真实鲜活的教育事件和发人深省的教育故事，表述自己在实践过程中的亲身经历、内心体验和对教育的理解感悟。它其实是一种叙事化的教育反思，其结果也是一种叙事化的教育案例。教师每天的工作都与叙事交织在一起，教师了解学生和了解自我最重要的途径之一就是叙事。教育叙事不是简单的"镜像"，作为一种研究方法，它现在已经被视为中小学教师开展教育研究的一种重要方式，同时也被视为一种合理的中小学教师发展模式。

　　这里的教育叙事主要是指实习生以自身教育实习的真实经历为基础，以口头或书面的形式描述教育事件，目的在于加强实践性反思。

（二）教育叙事的价值

　　教育叙事注重教师体验，倾听教师自己的故事。它是小学教师人人都可参与的科研形式，目的在于避免经验流失，记录成长历程，深刻认识和把握工作中的重点与难点，促进教师自我反思，提升专业化水平，分享经验，加强沟通，促进互助合

---

① 转引自张焕庭. 西方资产阶级教育论著选［M］. 北京：人民教育出版社，1964：257.

作，积累研究素材。只有当叙事研究成为广泛流行的教育研究方法之后，教育研究领域中一度推崇的"质的研究"才有可能显示出它的真实魅力；也只有当叙事研究成为中小学教师普遍采用的"学校教育研究方法"之后，中小学教师才有可能享受教育研究带来的益处。如此，"科研兴校、教师成为研究者、反思性教学、行动研究"之类的教育倡导，才能得到具体落实。

实习生的教育叙事可以帮助自己发掘实践背后的原理，带给自己专业性的思考和用来激发专业对话的材料，让自己与更广泛的听众，特别是家长相互交流并坚定教育信念，树立面对教育实习困境时应有的自信，描述并记录自己的教育实习经历。

（三）教育叙事的基本要素

（1）有鲜明的主题或引人入胜的问题；

（2）有解决问题的技巧和方法；

（3）有解决问题的情境性、冲突性、过程性、复杂性以及师生活动等的描述；

（4）有解决问题过程中或者过程后的反思；

（5）有从理性反思中获得的经验或教训，有实践中所蕴含的理论、带来的思想升华或启发；

（6）经常采用深描手法，即比较详细地叙述、描写过程，留意一些有意义的具体细节情境，真实、可信、有趣；

（7）有感而发、直率倾吐，用形象的语言表达理性的思辨，用诗意的语言描绘多彩的教育世界；

（8）不求理论化、学术化、缜密化，只求自身富有智慧而又独到地表达感悟。需纯洁表达，忌无意义地铺张。

拓展阅读:《教育叙事情境的构建》(李玉明)

三、教育叙事的运用

教育叙事是教师在教育生活中的真情告白。实习生要用笔、用心写下那些蕴含细腻情感的教育故事，并让它们焕发出理性的光辉和教育智慧的魅力。

下面介绍一些撰写教育叙事的具体方法：

（一）撰写在教学改进中的反思

实习生可以思考发生在教学过程中的一次重大改变，具体包括是什么促成了这个改变，所做的改变，促成这种改变的原因，变化的影响以及怎样评价它。

案例 9-1

美丽的错误

湖南第一师范学院实习生　兰若华

错误，通常被人们称作"不和谐的音符"。但是，在教学中，尤其是数学教学中，课堂往往因"错误"而精彩。

在"分数的初步认识"第一课时教学中，我设计了请学生自己将小圆片平均分成四份，取其中一份涂上颜色的环节，目的是请学生自主感知四分之一。然而，在巡堂时我发现很多学生选出小圆片的四分之三涂以颜色。我特意选出涂错同学的"作品"向全班展示：涂色部分能表示小圆片的四分之一吗？马上有同学反映：涂色部分表示圆的四分之三，不涂色部分才能表示圆的四分之一……多么美妙的回答，学生不仅提早认识、感知了四分之三，而且观察、应用知识的能力也得到了锻炼。思维的火花因为这一个小小的错误而迸发，而灿烂！

记得一堂多媒体公开课，内容是"数学广角——搭配问题"，指导教师建议我设计"当堂改错"这一复习反馈环节，即在教师巡堂时选出具有代表性的学生作业放置于投影仪上，然后大家一起检查、说理、订正。在练习时，请学生用"连一连、标一标"的方法解决搭配问题，要求连线并标上序号，连线要做到不重复、不遗漏，可以选择两种不同的连线顺序……在反馈环节，几本各具特点的作业帮助我指出了这几点注意事项，而且作出强调的人不是我，而是学生自己。这样，学生主动巩固了知识，观察、表达能力也得到了提高。

现在，我终于明白了：没有错误的课堂是不真实的，没有错误的课堂思维难以碰撞出火花，没有错误的课堂缺少精彩。美丽的错误能使课堂绽放光彩！

教师应该微笑着面对这些美丽的错误，欣赏那些迸发的智慧火花。

（二）以信件方式来写反思

选择一个人（可以是学生、指导教师或自己），把想对他或自己说的所有事情以信件的形式写下来，这是一种表达自己情感的有效方法，也是一种分担烦恼的办法。下面是一名实习生写给自己的一封信。

案例 9-2

写 给 自 己

湖南第一师范学院实习生　文冬芝

来到实习学校的第二天，我被安排到一年级（3）班组织学生报到。看着教室里一张张可爱的脸，走廊上家长专注的眼神，我觉得兴奋又紧张，点名的时候，差一点还念错了学生的名字。两天之后，我在毫无准备的情况下接到任务，上一年级（3）班的语文课和音乐课，兼任副班主任。我顿时觉得压力很大。

还记得第一天上课时的情景：几十双眼睛齐刷刷地看着我，我紧张得手心冒汗，说话开始有点结巴。我来回扫视了学生几遍，深深吸了一口气，才开始早已准备好的自我介绍。可是由于接到任务时太过仓促，准备时间太短，当正式上课时，我感觉整堂课只有极少的几个学生是端正坐着听我的课的。课后，担忧已经占满了我的整颗心，压力也随之扩大了百倍，我甚至开始对自己产生怀疑，觉得自己胜任不了这项艰巨的任务。心中那个懦弱的自己发出细微的嘲讽声：你还真不是普通的失败！另一个轻柔地声音响起：没关系，还有几个学生在听课呢！可不要忘了，你已经喜欢上这群可爱的孩子了。

随着实习工作的不断深入，我的压力越来越大。部分学生开始在课堂上玩玩具，不听我的指挥，组织教学的难度加大。针对一年级刚进校的学生开展养成教育成为我的当务之急。就在这个关键时刻，先后有带队老师、实习学校的年级组组长及语文教研组组长进过我的课堂。每次他们听完我的课后都会认真评课，对我进行耐心指导，并提出许多建设性的意见。我感觉在每一次"会诊"后，对自己的信心就会增加几分。

我也很幸运，我的队友一直默默地支持我。他们有的帮我制作上课时需要的教具，有的在我忙不过来的时候帮我批改学生作业，有的在生活上处处照顾我，让我能全力以赴地开展工作。尤其是班上学生们一双双对知识充满渴望的眼睛，是我努力工作的最大动力。现在，我很庆幸自己能拥有如此好的机会，使自己能在实习中得到全方位的锻炼。

我虽然是实习队里最累的那位，但我也一定是最幸运的那位。

（三）记录愉快的时刻

即列出实习期间一些最快乐的时刻，把清单和其他人分享。很多优秀教师在回忆自己专业成长的经历时，都会提及自己的一些精彩时刻。有时是一堂成功的公开课，有时是与学生相处的愉快经历，有时是一次思考后的突然感想，有时是与他人一次有意义的谈话，等等。这些时刻（关键事件）能带给自己极大的快乐，抑或是让自己茅塞顿开，从而产生美好的体验。我们也可以从对这种时刻的感受中获得"高峰体验"。

案例 9-3

那一刻，我的心融化了

湖南第一师范学院实习生　王小霞

秋日的芷江不是秋高气爽的天气，相反却有几分酷暑的味道。

当我走出教学楼准备去洗手间时，却在烈日照耀下的操场上看见了熟悉的身影，我们班的那群孩子们正在体育老师的带领下做广播体操呢。

我一路走过，一路心疼地望着他们，多毒的太阳啊，孩子们受得了吗？"王老师在那儿呢！"不知是谁喊了一声，全班同学都望向我这边，满脸笑容，比周围的阳光更灿烂。此刻的他们做得更卖力了，但是我能感觉到他们的眼神仍追随着我的身影，直到看不见。

从洗手间出来，我站在离他们不远处，继续关注着他们。这时，只听见体育老师一声哨响，宣布今天的体育课到此结束，让他们回教室休息。我收拾好心情也准备回教室，可是就在这一刻，孩子们突然欢呼着向我奔来，惊得我不知所措，喜得我满眼泪水！

孩子们欢快地跑着，亲切地唤着，我的内心满满地全是幸福和感动，我知道他们已经喜欢上我，而我也喜欢上他们了！享受着他们的簇拥，我突然就害怕离别了。总有一天，当我的实习任务完成之后，我就得离开他们，那时我一定会泪流满面，而他们呢，会不会痛哭流涕？

罢了，如此幸福的时刻还是别想别离的好，好好享受心融化了的温馨吧！

（四）写出帮助困境中的学生的经历

即写出曾经帮助困境中的学生克服困难的经历。

案例 9-4

让羞涩的花蕾绽放

湖南第一师范学院实习生　肖雁萍

"让每个孩子抬起头来！"我们应该更加关注学习困难的学生，也就是那些被老师一提起就焦头烂额的后进生。我们应该给他们倾注更多的爱心、关心、耐心与真心！

小红是我们班成绩落后、性格内向的学生，她考试基本上不及格，且上课时也只是呆呆地坐在那儿，从不敢大胆举手回答问题。即使偶尔回答一次问题，也是声音小得只有她自己听得见。于是我针对班里的情况，开展了"智慧星"评比。

在课堂上回答问题积极、上课认真听讲、坐姿端正者可以获得一枚智慧星；学习成绩落后的学生敢于举手回答问题、上课认真听课、进步大的学生也可以获得一枚智慧星。

上课时，我有意识地关注像小红这样的学生，想给他们更多的发言机会。当上《四季童话》一课时，我向同学们提问："文章的主要人物有哪些?"小红举起手，又偷偷地把手缩了回去。而我却笑盈盈地把她叫起来回答，并对她说："没关系，大胆点。"于是，小红小声地说："春姑娘、夏娃娃、秋姐姐、冬哥哥。"我听后非常高兴，毫不吝啬自己的表扬，竖起大拇指笑眯眯地对她说："你回答得真不错!"还叫全班同学鼓掌作为对她的鼓励，然后亲切地对她说："下次举手回答问题时声音再大点就更好了，加油!"小红端正地坐好，显得格外地精神。她开心地笑了，露出了两个可爱的小酒窝。在随后的课堂上，小红先后举了三次手，声音也大了些，进步非常大。

看见小红的进步，我心里非常开心。我相信每个孩子都有最好的未来，他们都值得我们去宠爱。只要你用爱心、关心、耐心、真心去灌溉，他们就会开出最美、最鲜艳的花，结出最香、最甜、最饱满的果实!

（五）写出一位榜样导师

即写出一位积极影响自己决定成为一名教师的榜样或导师。

案例 9-5

最动听的声音

湖南第一师范学院实习生　李妍

记得上中学时听到过这样一句话：余音绕梁，三日不绝。我一直觉得只有专业的歌手才能达到这样的效果，可是，现在我体会到了另一种声音，其美妙程度不亚于歌声。

刚开始听我的数学指导教师肖玉画老师的课堂教学时，我只顾得上记录她的教学流程和组织教学常用语。后来慢慢地，我开始注意到她在课堂教学中的一些细节，并从中收获了许多。

在一次联谊活动中，听到肖老师的歌声，我当时就被震惊了，大家笑称听了一次"现场版的春晚"。其实我们的肖老师不仅唱歌好听，她表扬学生时的声音更是动听!

一次偶然，我注意到一个在我上课时很爱闹的学生在肖老师的数学课上受到了表扬，之后他一节课都坐得很端正。这件事令我很好奇，然后我开始注意肖老师对学生的赞美。我发现肖老师课上常常表扬学生，而且对于不同的学生，肖老师会根据他们的特点给予肯定。如果一个调皮的学生坐端正了，她马上会说："我发现××进步很快，他现在上课特别认真，坐得很端正。"要是一个平时不爱回答问题的学生回答了问题，她会立刻说："真厉害！××一定是上课跟着老师的思路走，所以我提的问题她都知道！"当她表扬一个一直优秀的学生时又会这样说："××真聪明，不仅上课认真，而且很肯动脑筋想问题！"

赞美能够给人自信。在教学中赞美不仅能使学生得到肯定，更能体现出教师的因材施教。我相信，一句有针对性的充满肯定的赞美，对学生而言很重要，在他们眼里，这就是最动听的声音，胜过任何歌声！

（六）写下印象深刻的教育成长往事

即回想自己在实习学校的经历，尤其是对自己当前有深刻影响的一件教育往事。

案例 9-6

欢迎来听我的课

湖南第一师范学院实习生　王小霞

"要想成为一个优秀的老师，就不要怕别人来听你的课！"这是我的实习指导教师对我说的话。我觉得很有道理，所以想拿出来和大家共勉。

我清楚地记得那段痛苦与快乐并存的实习岁月。刚开始的一个星期，教学主管几乎天天都来听我的课，每次总是毫不留情地把我批得体无完肤。那时我心里很不是滋味。可也正是在她无情的"打击"下，我迅速地成长了，我不再是怯生生的了，而是可以做到教态自然，收放自如了！我不再分不清教学重难点，眉毛胡子一把抓了，而是可以明确教学目标，有条不紊地上课了！虽然还有很多的不足，但至少我成长了！

所谓"当局者迷，旁观者清"，又或是"三人行，必有我师焉"，指导教师或者同行给予的评价越多，你的收获就会越大。因为总有那么一句话会让你感觉醍醐灌顶，总有那么一条建议会让你柳暗花明，总有那么一个提醒会让你拨开云雾见天日，不是吗？

打开自己的课堂吧！大胆地说："欢迎来听我的课！"并不是因为你的课有多精彩，而是因为你需要指导教师和同事的指教与点评。无论他们的言语多犀利，只要有助于进步，我们都要诚心以待！

（七）写下自己最失败的教育教学经历

即写下自己最失败的一次教育教学经历，在写作过程中反思这样的经历带给自己的经验和教训。

案例9-7

一堂失败的比武课

湖南第一师范学院实习生　肖雁萍

下课铃一响，我像是泄了气的气球一样，拖着沉重的步伐，气馁地走出教室。

我花了很多心思在《争吵》这堂比武课上，预想是可以上得比较成功的。可是出乎我的意料，效果不佳，课堂死气沉沉。我很努力地引导学生却总得不到有效的配合，这不像那个平时活跃、积极的四（2）班。

我利用下课的时间问了几个平时表现积极的四（2）班学生：有的说上课没听懂；有的说心里明白，却不知道怎么样表达；也有的说对老师提的问题不知道要怎么回答。回到办公室，我认真地听了指导教师李老师的评课，总结出了这堂课失败的原因，主要有以下几点：

1. 板书不及时、设计不科学

文章主要描写了"我"（安利柯）和克莱谛因为本子的事而发生争吵。在板书时，我把两个主要人物提前用简笔画的形式画出来剪好贴在黑板上，却没有在简笔画下标明谁是安利柯，谁是克莱谛。学生在看板书时会感到迷惑，分不清到底谁是谁。当学生说到"我"报复克莱谛的原因是"我"嫉妒他时，我因为紧张忘了板书，而是在讲到克莱谛宽容时我才把"嫉妒"补上去。再者，板书中的克莱谛对"我"的宽容、友好，应该在文中第三部分板书出来更恰当，因为克莱谛主动跟"我"和好以及他们之间的对话，更能体现出克莱谛的宽容与友好。

2. 在引导学生时不够深入

这篇课文其实非常贴近学生的心理，很多学生可能都有类似的经历，我没能好好利用这一点，让学生联系生活实际去体会、去感悟，所以学生不能很好地感受课文内容。

3. 不敢放手让学生说

在分析课文第二部分"我"的内心矛盾时，我讲得太过急躁。学生才说出了一点有关心理活动的句子，我就怕他们说不出我所设想的答案，于是不停地引导，不停地说，学生被动地接受老师的观点，失去了主动性，理解得不深刻。

李镇西老师说过，语文课要给学生心灵的自由，也就是给学生思想的自由、情感的自由。当我们把学生当成"低能儿"来培养时，学生的表现就会让我们不满意甚至失望。这堂课让我深刻地明白"该放手时就放手"，要给学生机会，并启发、诱导他们。自己在教学的道路上还有很长的路要走，还有很多的知识要学。一路走来的磕磕碰碰是对我成长的磨炼，我不气馁，不害怕，我会勇敢而坚强地走下去。

（八）写一段期望落空的教学经历

即写一个在一段教学经历中期望与现实严重脱节的情况。

案例 9-8

我的课堂失控了

湖南第一师范学院实习生　彭研

作为实习生，第一次登上讲台上课是十分重要的。当接到指导老师分配的教学任务时，我开始认真准备，了解知识点，撰写教案，修改教案。由于事先准备工作充足与认真，我充满了自信，相信自己可以上好这一堂课。

在登上讲台的那一刻，我并没有太多的紧张。刚开始的几分钟，同学们基本上都很认真，随着我的思路，配合得十分好，让我信心倍增。可这种状况并没有持续多久，同学们开始不安分了：说笑话、做小动作、忙活其他事……当然，这种情况我是有预见的。于是我采取了一些小措施，如提高语气、表扬个别、批评典型……可我发现这些办法并不能维持多久。看着混乱的教室，看着在后面听课的其他实习生，我一时手足无措。我边强调纪律边上课，但课堂秩序仍旧乱糟糟的，只有极少数的学生在看着书。

离下课只有五分钟时，听课的实习生走了。我沉默地站在讲台上面，看着教室里混乱的学生，一股怒气冲入脑中，我拿着尺子用力往讲台一拍，尺子断裂的声音在喧闹的教室中显得额外刺耳。同学们感受到了我的怒火，停下了一切活动，静静地看着我。我无法控制住自己的怒气，扯着嗓子说道："你们继续吵啊！吵到放学。看看你们这节课都在干什么。"直到下课铃声响起，我才发现自己足足讲了五分钟。再看看下面的学生，并没有被我这位老师的话所震撼，做小动作的同学仍有不少。我真的不知道怎么办了，丢下一句"下课"，就跑出了教室。

回到办公室，我才发现自己的嗓子哑了。实习队友询问我原因，我只能微笑应付。回忆起刚才的一幕，我的眼泪都快掉下来了，心中的困惑更是理不清：一堂好好的课，为什么会变成这样？一向能把握自己情绪的我，今天怎么会失控呢？

第二节 特殊学生个案研习

特殊学生主要包括学困生、留守儿童、单亲学生、孤儿等。管理和引导好特殊学生，是对实习班主任和实习教师的一项挑战。因为几乎每个班级中都有特殊学生，特殊学生的内在差异又大。了解特殊学生的类型差异，探寻形成这些差异的原因，并开展行之有效的教育，都离不开对特殊学生开展个案研究。

一、研习案例导读：《大家都不喜欢我！》

学困生是当前教育领域中的重要议题。学困生由于学业不佳而缺少关爱与认同，他们所经历的成长困境，不仅影响其个人发展，给家庭、学校造成困扰，而且极易引发一些社会问题。本案例运用文献法、访谈法和观察法等研究方法，对作者所实习班级的一名小学学困生——小洋的成长困境进行了叙事研究。下面节选的，是对小洋学习困境、交往困境、自我认同困境的研习内容。案例详见二维码。

案例阅读：《大家都不喜欢我！》（节选）

二、研习方法：个案研究法概述

（一）个案研究的概念

个案研究指对某一界定的研究单元如某一个体、事件、活动、程序等进行深入全面的探索、描述和分析，以获得该研究单元的整个信息。开展个案研究，不仅可以使教育实习中的薄弱环节得到加强，使实践教学的质量得到保证，而且可以为培养新时代教师提供新的思路。实习生可以既保留传统的学生和观察者的角色，又有机会进入研究现场与个案对象面对面接触，成为研究者。

（二）个案研究的特征

1. 研究对象化的单一性

个案研究通常专注于具体的事例或个案来研究某一现象。因此其对象通常是单一个体或单一群体，即使研究中有多个对象，也把他们作为一个单位或某一个问题看待。在学校教育中，针对学生的研究，往往是针对那些具有特殊行为表现的个体或是具有反常行为的个体。

2. 研究方法的综合性

个案研究收集数据的方法是多样的，其研究的手段是综合的。个案研究常常要综合观察法、调查法（含访谈法）、测验法、作品分析法等。只有这样才能比较全面、系统地了解研究对象，从而得出比较科学的结论。

3. 研究内容的深入性

个案研究需要就挑选出来的典型样本收集大量的数据，且对个案进行持续的跟踪研究，不但要研究个案的现状，也要研究个案的过去，还有可能要跟踪个案的发展，所以时间周期一般较长。

（三）个案研究的价值

个案研究有助于实习生形成一种在研究状态下开展实习活动的新方式。

首先，个案研究有助于实习生成为研究者。因为个案研究的对象大多数是与他们朝夕相处的学生，实习生易于与其进行沟通交流，随时可以收集研究所需要的资料，这是其他研究所不具备的优势。同时，个案研究所使用的方法主要是观察法、调查法等，这些方法对于实习生而言具有简便而易于操作的特点，能够增加他们从事研究工作的主动性和自信心。

其次，个案研究能够促进实习生进行自我反思。因为研究者在确定了个案研究对象后，需要对其进行较长时间深入细致的跟踪调查，才能发现问题的症结所在，这就迫使实习生必须经常问自己"是什么""为什么""如何做"等问题。这种不断自我反思的过程，能够帮助实习生朝着专业发展方向迈进。

最后，个案研究能够加深实习生对教育理论的理解。初为人"师"的实习生很少对隐藏在问题背后的教育根源进行理论上的思考，而个案研究能够促使他们对所遇到的问题不断地思考，在总结经验、教训的基础上，归纳出具有教育规律性的内容，从而深化对教育理论的理解。

三、个案研究的运用

（一）学生个案研究

学生个案研究是指在自然状态下，实习生在自己实习所在班级中选择有特殊研究意义的学生作为个案研究的对象，对其进行透彻深入、全面系统的分析与研究。如对班级中的潜能生的研究，对个别品德不良学生的研究，对针对某个学生采取特殊教育措施的追踪研究等。学生个案研究涉及学生在学校学习的方方面面。作为实习生，只有真正投身于学生的个案研究中，才能拓展自己对教育科学的认识，为开展有针对性的个别教育工作打下良好的基础。同时，研究学生个案还能够促进实习生提升教育专业素养。

（二）优秀教师成长个案研究

优秀教师成长个案研究指以实习学校的优秀教师为个案研究对象，利用实习的机会，通过观察、听课、访谈等途径，对学校中的优秀教师群体进行深入细致的研究。在这种研究中，实习生关注优秀教师的教育世界，倾听优秀教师的话语，对他们的优秀教育工作进行描述性研究；在探寻中，了解他们是如何在教学中发现问题、明确问题和解决问题的，又是如何总结教育教学经验的，熟悉和了解他们的成长经历，并探讨蕴涵于其中的意义。在这个过程中，实习生不仅可以进行个案研究的实践，而且可以找到自己职业生涯的导师，为合理规划自己的职业生涯奠定基础。

（三）顶岗实习学校个案研究

顶岗实习学校个案研究是指以实习学校作为个案研究的对象，就学校的办学理念、管理方式、师资构成、学生来源等相关问题，开展全面细致的调查研究，如深入了解实习学校在办学理念、管理方式和师生结构等方面与其他学校不一样的地方。

拓展阅读:《个案研究的意义和限度——基于知识的增长》(王富伟)

四、个案研究的操作要点

（一）确定个案

个案研究的对象，要根据研究的不同目的来选择，通常选择有可能为研究问题提供最大信息量的样本。因此，个案研究要寻找"重要信息提供者"。

（二）收集资料

研究者可以采取与研究目的相关的任何方法收集材料。常用的方法有观察法、访谈法、问卷法、测量法、作品分析法等。

下面以访问仰慕的一名教师为例，就如何进行采访，提出以下建议[①]：

一是与这位教师分享你选择采访他的原因，如"我想采访你是因为你对我成为教师的影响非常大"。

二是安排一个双方都方便的采访，并协商采访的方式：书面、电话或面对面等。

三是事先准备好问题，在采访前将它们寄出去。这样就能够留给对方思考的时间，使其可以作出更具有深度的回答。

四是计划如何记录采访的内容并获得对方的同意。通常可以使用录音笔、笔记记录等，在此之前要与对方达成协议。

五是设计启发思想的问题，如"什么影响和经历使你选择了教师作为你的职业?""你可以更多地谈谈这件事吗?""如果你要给所有新教师一个长久的、影响积极的专业建议，你会说些什么?"

六是采访之后进行一些私人交流，可以考虑用某种方式表达你的感谢，如写一张个人感谢的便签、送上一束鲜花或致电感谢等。

七是获得使用采访内容的许可。

（三）整理分析资料

整理资料：一般个案研究的文字素材要求尽可能作文字处理，当然前提是研究者每天把所看到的和听到的东西记录下来，若现场无法进行完整的记录，应当及时整理补齐，力求"原汁原味"。这里的"原汁原味"不仅是指资料要具体翔实，要

[①] 玛丽伦克·贾隆格，琼·P. 伊森伯格. 是什么让教师不断进步：教师故事启示录 [M]. 张涛，译. 北京：中国青年出版社. 2007：201-202.

求记录所有看到的、听到的内容，而且还要求记录研究者是怎样看到的、怎样听到的。

分析资料：这是最困难也是最有趣的工作。一般个案调查收集的多半是文字叙事资料，需要研究者自己去寻找资料中的意义。第一步是阅读资料，要求仔细阅读整理过的资料，能够整体上把握资料的意义。第二步作具体的分析，这一步有一定的要求，也需要专门的技术。在没有具备这项能力时，研究者可以借助自己的背景知识解读素材。

（四）撰写个案研究报告

个案研究报告可以选择在阅读一些相关文献的基础上，借鉴他们的写法尝试写出，比如著名质性研究专家陈向明教授的经典个案研究报告《王小刚为什么不上学了——一个辍学生的个案调查》。

总结篇

第十章 教育实践总结反思

　　教育实践总结反思，是师范生教育实践中的最后一个必不可少的环节。它不仅能使师范生直观和具体地回顾、分析、反思、研究教育实践过程，找出自己的优缺点，还能进一步对照自己的缺点和不足，提出改进措施，进而提高师范生的教育实践效果，增强教育实践的目标达成，优化、完善实践教学过程。师范生应从教育见习、教育实习和教育研习三个环节进行教育实践总结反思。

第一节　教育实践总结反思的意义及形式

顺利进行课堂教学与班级管理，实践经验自然十分重要。然而，自身的实践经验只是单纯的直接经验，我们还需要从他人发表的相关成果中获得间接经验，更需要对自身的直接经验进行反思性研究，从而提高课堂教学与班级管理经验与认识的实效性与可推广性。

一、教育实践总结反思的意义

教育实践总结反思是一种深化教育实践认知的特殊活动，主要是师范生对教育见习、教育实习、教育研习期间的工作和学习进行全面而系统的回顾、分析、反思、研究并得出结论，其目的是获得经验、教训，为今后正式走上教师岗位奠定良好基础。然而，在目前的教育实践结束时，部分师范生忽略了对教育实践进行应有的回顾与总结反思，甚至认为教育实践总结反思是可有可无的环节。其实不然，教育实践总结反思对师范生的专业成长具有非常重要的作用。一方面，它有利于师范生客观评价教育实践过程，重新审视教育实践的得失。由于教育实践的时间跨度较大，教育实践计划是否完成，教育实践目标是否达成，取得了哪些成绩，暴露了哪些问题，都需要通过教育实践总结反思给予明确回答和科学概括。另一方面，它有利于师范生形成系统化、理论化的教育实践经验。师范生在教育实践过程中，通过进行课堂教学、担任班主任以及与教师、学生广泛接触，获得了教育教学方面比较丰富的感性认识，而经过严肃认真的教育实践总结反思，可以将感性认识上升为理性认识，实现认识上的飞跃，逐步掌握学科教学、班主任工作的规律和特点。教育实践总结反思越全面、越深刻，对师范生今后的学习、工作就越有指导意义。

二、教育实践总结反思的形式

教育实践总结反思按作者划分有师范生、指导教师的个人总结反思和校、院（系）、实践组的集体总结反思；按进程划分有周总结反思、月总结反思、教育实践后总结反思；按形式划分又有书面总结反思、口头总结反思。

上述各类总结反思主要根据不同的需要、不同的角度划分，但归纳起来，从阶段上划分，只有两种形式，即过程性总结反思和总结性总结反思。

教育实践过程性总结反思应贯穿整个教育实践过程，可以每周进行一次小总结或小反思、一个月进行一次大总结或大反思。教育实践过程性总结反思有助于师范生不断总结教育实践中的得与失，也有助于师范生在教育实践中根据高校指导教师、实践学校指导教师的指导意见加以改进，并最终形成教育实践总结性总结反思。过程性总结反思主要通过教育实践日记、周记、月记，以及上课、听课、评课反思记录表等方式来进行。

教育实践总结性总结反思着重分析自身在教育实践中暴露出来的短板和不足，

反思存在的问题，汲取经验、教训，梳理总结成功的做法和经验，提炼形成科学合理的教育实践模式，不断完善自己，为成为一名合格甚至优秀的人民教师而努力。教育实践总结性总结反思是教育实践的最后环节，主要通过教育实践总结、教育实践鉴定表、教学实践成果展示与交流等方式来进行。

第二节　教育实践总结反思材料

拓展阅读：教育实践个人成长档案袋资料自检表

在教育实践过程中，师范生应建立贯穿教育见习、教育实习、教育研习全过程的个人成长档案。档案主要由三部分组成：一是整个实践过程的说明以及流程介绍；二是实践过程，包括学科教学计划、教案、听课及评课记录、班主任工作日志、研习案例及

相关记录等；三是教育实践总结反思以及实践评价材料。在教育实践结束时，师范生要对整个教育实践活动进行认真的总结，提出较为深入的反思，并汇总教育实践总结反思材料，为今后的教育教学工作积累丰富而宝贵的经验。这里列出师范生需要整理的教育实践个人材料目录，如表10-1所示。

表10-1　教育实践个人材料整理目录

类别	要点	形式
学科教学工作	学科教学计划	
	课堂教学观摩记录表	
	教案、课件	
	听课、评课记录本	
	作业布置及批改情况登记表	
	课后教学反思	
班级管理工作	班主任工作计划	种类不限，主要包括文字、图表、音频、视频等各种不同形式的载体材料
	班主任"就职"演说稿	
	班级管理相关规定	
	主题班会策划案	
	处理突发事件的案例	
	个别指导与心理辅导案例	
	家访记录	
教研工作	课程标准与教材研习案例及相关记录	
	课堂与班级管理研习案例及相关记录	
实践总结反思	教育见习总结反思	
	教育实习总结反思	
	教育研习总结反思	

第三节 教育实践总结反思内容

教育实践总结反思是师范生对整个教育实践过程的总结和反思，是师范生提升自身专业素质的重要环节。师范生通过撰写教育实践总结反思，可以把所见、所思、所感进行综合和升华，使自身在实践中获得的感性经验转变为理性认识，提升教育实践效果。当然，指导教师对师范生的教育实践总结反思一定要给予及时的评价和指导，促进其有效吸收和应用，以充分发挥实践总结反思的作用，引领师范生在理论与实践的不断融合中，自觉走上"经验+反思"的可持续发展之路。

拓展阅读：《教师成长：经验+反思》(管凌云)

工作以计划始，以总结反思终，两者相互联系、不可分割。计划是事先行文，用于指导未来一定时期的工作；总结反思则是事后行文，对过去一定时期内的工作进行回顾、分析、评价、反思、研究，为以后的计划制订提供依据。因此，撰写教育实践总结反思应该与此前的教育实践计划相呼应。这样做有两个方面的益处：一是便于安排总结反思的层次结构。在撰写计划时，安排层次结构，要么按照工作的轻重缓急，要么按照时间先后顺序，或者是按照工作性质、按照事理。在撰写总结反思时，按计划的结构方式安排，既较为便捷，也能够很好地处理总结反思与计划的关系。二是使总结反思避免出现遗漏。通常来说，总结反思应该是全面的，做了哪些工作，哪些工作任务未完成，哪些工作做得好，哪些工作做得不好等，都要包含到。而这些工作（临时性、突击性的任务除外）一般都包含在计划中，撰写总结反思时参照计划，就基本不会出现大的遗漏。

一、教育见习总结反思

教育见习是师范生在小学以"见"为主的一种实践教育活动，师范生能够接触真实的小学实境，但不直接从事教育教学活动[①]，主要任务是观摩学习小学教师的说课、备课、教学过程、教学评价及其班级管理。在教育见习结束时，每位见习生应立即撰写教育见习总结反思。教育见习总结反思主要是师范生对教育见习情况进行一次全面的检查、分析、反思、研究，分析见习成绩、反思不足和总结经验等。

教育见习总结反思报告一般应包括：（1）见习学校的整体概况（如见习的目的、时间、地点、内容、指导教师等）；（2）见习内容和过程；（3）见习心得体会和主要收获；（4）对见习工作、小学教育、小学教师培养等提出自己的见解和建议。以下是一位见习生的教育见习总结反思。

---

① 汪先平. 中小学教师专业标准视角下高师学生教育见习的价值探析 [J]. 课程教育研究，2017（49）：186-187.

案例 10-1

教育见习总结反思

湖南第一师范学院见习生　程紫晴

为初步了解小学真实情况，增强对小学的感性认识，2019年10月16日至10月22日，我们在长沙市芙蓉区修业小学进行了1周的教育见习。

一、教育见习学校的整体概况

修业小学创办于1903年（清光绪二十九年），历史悠久，现有教学班12个。修业小学的校训是"修德敬业"，校风是"习劳耐苦、崇朴尚实"，让学生在活动中面对挑战，敢于竞争，敢于超越，培养学生吃苦耐劳的精神。其中，体操是修业小学的传统特色。

二、教育见习内容和过程

概括教育见习期间的工作，主要包括课堂教学和班级管理两个方面。

1. 课堂教学

此次教育见习共观摩12位老师的课堂，观摩后受益匪浅，感受颇深。一是上课满怀激情，用激情点亮课堂。老师们在讲课时，声音抑扬顿挫，略带手势，尤其是教学环节之间的过渡语，很有激情，像一位位专业主持人。二是教态和蔼可亲，善于鼓励学生。无论是男老师还是女老师，谈话或提问，都是和学生面对面，让人感觉很自然、随和，并且较多运用鼓励性言语。三是教学环节紧凑，环环紧扣人心。一堂课下来，感觉如行云流水，教学环节之间的衔接很自然，逻辑性较强。四是运用信息化教学工具，激发学生的好奇心。12位老师都使用了课件，有的是出示课文句子，有的是图片，有的是视频，有的是动画。五是教学方法多样，能够调动学生学习的积极性。老师们综合运用讲授法、情境法、互动法、直观感受法、观察分析法等多种教学方法，调动了学生学习的积极性。

2. 班级管理

班主任是班级的管理者、组织者、指导者、引导者，是小学生的启蒙导师，小学生的成长与发展离不开班主任的教育与管理。此次教育见习，我们主要到二年级（甲）班和四年级（乙）班进行了实地参观，对班级卫生、物品摆放、课堂纪律、教室文化、放学路队等方面进行观摩学习。

（1）班级卫生。走进班级教室的一瞬间，感觉教室非常干净，地面无纸屑，墙壁、天花板和悬挂物无污迹，门窗无灰尘，玻璃明亮。

（2）物品摆放。桌凳排列整齐，桌内书籍、文具摆放整齐，并且灰斗、扫帚和其他杂物也都整齐排列。

（3）课堂纪律。上课铃声一响，学生迅速进入教室，做好上课准备；上课时，学生坐姿端正，精神饱满，认真听讲，不讲小话，不做小动作；下课时，学生注意文明礼仪。

（4）教室文化。每个教室中都有图书角，书香氛围浓厚；墙上张贴班级的班风、班训，营造健康向上、富有成长气息的班级文化氛围。

（5）放学路队。在放学时，班主任指导学生在本班教室门前站好路队，学生按照先后顺序依次走出，任何学生不能提前下队，更不得跑步冲出校门。

三、见习的收获

通过本次教育见习，我对长沙市的小学有了初步认识。在以后的学习和实践中，我将努力做到以下几点：

（1）上课时要富有激情；

（2）要有得体大方的服饰、恰如其分的姿态、亲切热情的眼神、生动有趣的语言；

（3）注意把握教学内容之间的逻辑，便于学生理解；

（4）恰当运用信息化教学工具，调动学生学习的积极性；

（5）基于学生的学习特点，综合运用多样化的教学方法；

（6）给学生营造一个良好的学习环境，包括安全环境、卫生环境、学习环境。

教育见习实践时间虽短，但是让我收获颇多、成长不少，也让我明白，想要成为一名教师，尤其是一名合格的甚至是优秀的教师，仍需不断地学习、不断地努力，在实践中摸索、在实践中进步！

二、教育实习总结反思

教育实习总结反思指师范生把一个学期的实习情况进行一次全面系统的总检查、总分析、总反思、总研究，是对整个实习工作的理性思考。在教育实习结束时，实习生应立即撰写教育实习总结反思，全面总结和反思本学期的教育实习工作，肯定成绩，找出不足，明确今后努力的方向。

教育实习总结反思报告一般应包括：（1）实习学校的基本概况；（2）实习经过、心得体会和主要收获；（3）对实习工作、小学教育、小学教师培养等提出自己的见解和合理的建议。

虽然总结反思需要一定理论和规律的概括，但不可过于抽象、枯燥，而要尽量具体详细些，主要写清楚"做了什么""怎么做的""结果如何"。教育实习总结反思的具体内容可以包括学科（课堂）教学、班级管理、教育科研等方面。教育实习总结反思的形式既可以是这些方面的综合总结反思（写成一篇总结反思），也可以分成几篇总结反思来写，标题分别为"教学工作总结反思""班主任工作总结反思""教育科研总结反思"等。在教育实践过程中既有成绩经验，又有错误教训，因此，实习生在撰写教育实践总结反思时应该实事求是，坚持辩证地进行分析。

以下是一位实习生的教育实习总结反思（仅涉及课堂教学和班主任工作两个方面，有关教育科研方面见下文"教育研习总结反思"的内容）。

案例 10-2

个人教育实习总结反思

湖南第一师范学院实习生　周妍

教育实习是培养合格教师的一个重要环节。为了了解小学教育，巩固专业知识，我们于2019年9月1日至2020年1月15日在株洲市炎陵县明德小学进行了一个学期的顶岗实习。在这相对较长的实习期间，我主要进行了教学工作和班主任工作两个方面的实习。

一、课堂教学

1. 听课

在听课的过程中，我深感教学是一门艺术，既要将课程标准与学生实际结合，关注教学环节，注重教学细节，又要以轻松的教学手段传授知识。

2. 上课

在实习期间，我主要担任五年级（1）班的语文课以及四年级（1）班的音乐课教学。尽管我的专业方向是语文，但为了提升自己各个方面的能力，我还尝试着发挥专长，教了几节音乐课。

课前，我都会认真备课，明确教学目标，确定教学重点，并在指导教师的反复指导下走进课堂，从不马虎。

课中，我坚持严谨教学，营造轻松的课堂教学氛围，并与各班的实际情况相结合，随机应变。

课后，我会及时地总结和反思，虚心向任课老师学习，并听取实习队其他队员的意见和建议，争取找到更适合的教学方法，以帮助学生更好地学习。

3. 课余时间

我会进行个别学生的辅导、作业批改与讲评、试卷评阅、考试成绩分析以及进行学习总结等。

在具体的教学实践中，我认识到：

（1）课前一定要精心地备课，这样上课才能得心应手，有条有理；

（2）在课堂上要注意维持教学秩序和提高教学效率，并要学会随机应变；

（3）上课时，要从容、大方、镇静并富有激情，采用恰当的肢体语言进行辅助，从而调动课堂的气氛，使学生能够在快乐和轻松的氛围中学习；

（4）注意运用启发式教学方式和巩固性教学策略，在教学过程中，启发和引导学生去探究和思考，从而完成每节课的教学任务和教学目标；

（5）课后要及时地总结和反思，听取指导教师和带队老师的意见和建议，重视学生反馈的信息，认真地做自我分析、评价和总结，为下一节课做好准备。

二、班主任工作

我始终奉行爱岗敬业、从严管理的原则，工作内容主要围绕日常工作和组织活动展开。

1. 日常工作

（1）周一10：00升国旗；（2）组织好两操；（3）督促卫生大扫除；（4）放学组织学生排路队；（5）与班主任交流讨论班级管理工作和当天的班级管理工作；（6）与学生进行交流，了解学生情况。

2. 组织活动

（1）每周四的班会活动；（2）教师节活动"绿叶对根的情意"荣获三等奖；（3）少先队建队日活动；（4）校运动会，我班学生在多个项目中荣获一等奖；（5）积极配合"创卫"活动；（6）校园文化艺术节中情景剧《我们快乐我做主》荣获一等奖。

通过班级管理实习，我认识一位合格的班主任要做到：一是始终坚持"一个标准"，就是在处理班级事务时，尤其是奖惩方面，对学优生和潜能生都要讲究公平，一视同仁。如果处理有偏颇，就会助长学优生骄傲的性情，压抑潜能生的上进心。二是做好表率，由于学生的"向师性"很强，教师的一言一行都能引起学生的心理共鸣，所以班主任要重视自己的言行举止。三是树立形象，在教学中应经常对照师德规范要求，爱岗敬业，平时不迟到、早退，努力在学生心目中树立可信赖和令人爱戴的班主任形象。

这次实习体验使我受益颇多，在这期间我也对自己进行了一次全面的检验。作为一名语文老师，基础知识要扎实，知识面要宽广，平时要做有心人，细心观察生活，留意身边的事情，并将它们灵活运用、渗透于教学之中。通过这次实习，我不仅掌握了从事教育教学工作的基本技能，学会了对学生进行思想教育的方法和手段，也深深地体会到了做一名光荣的人民教师，尤其是小学一线教师的艰辛与不易，深感肩上的责任重大，对教师这一神圣的职业有了更深的理解和认识，感受到了教师的酸甜苦乐，这为我以后的教师之路打下了坚实的基础。

实习尽管辛苦忙碌，但却是我人生中一次有益的尝试和磨炼。最后特别感谢指导教师和带队老师对我的辛勤指导和帮助，是你们让我从稚嫩的教学中渐渐地走向成熟！

三、教育研习总结反思

教育研习是研究性学习的衍生物，是与教育见习、教育实习同等重要的实践内容。教育研习是指师范生在教师的指导下，运用所学的教育理论对教师专业化过程中出现的有关问题进行分析、探讨和研究，在理论与实践的互动中提高反思能力和研究能力，进而提升自己的专业技能水平[①]，以便更好地适应将来的教师工作。教育研习坚持"在实践中研究，在研究中实践"这一基本原则，有利于加强理论教学与实践环节之间的联系，促进教师教育课程体系的完善；同时，师范生通过参与各种教学实践活动和研究活动，有利于提高自身的教育实践、教学反思和研究等能力。

教育研习总结反思报告一般应包括：（1）研习的主题；（2）研习的方式与过程；（3）研习的收获。

以下是一位研习生的教育研习总结反思。

案例 10-3

个人教育研习总结反思

湖南第一师范学院研习生　陈博洋

2019年1月6日，教育实习结束后，我在长沙市芙蓉区育英学校开始了为期2周的教育研习。本次的教育研习由高校指导教师和研习学校四位老师共同组织，分散在各年级各班级的同学们聚集到一起，共同探讨、学习、分享教育实习期间的实践经验。

一、课堂教学

1. 研读课程标准

在研习过程中首先是扎实深入开展课程标准解读的研修活动，深刻理解课程标准。

2. 分析研究教材、教法

合理梳理教材、研究教法，构建学科学段整体知识结构体系，明确教学重难点及处理方法与策略。

3. 分析学生特征

了解班级学生基本构成情况、能力水平、学习风格、学习动机等。

4. 教学设计

在准确理解课程标准并吃透教材后，要了解学生特征，在把握学科特点的基础上进行教学设计。

5. 作业设计

根据教学目标，设计和编写难度适中、题量适当的作业。

6. 板书设计

设计主次分明、重点突出的板书。

---

① 谢国忠. 教育研习一种新的教师职前教育课程形态 [J]. 常州工学院学报（社科版），2007（3）：109-112.

7. 上课

上课是整个教育实习过程的重点，在研习过程中，分小组交流讨论教学课例，大家分享上课感悟和课后反思。

8. 课堂氛围

在研习期间，大家对课堂氛围进行了详细分析，宽松融洽的课堂氛围有利于学生投入到课堂学习中，提高学习效率。

二、班级管理

1. 日常管理方面

在班级日常管理中，我都积极负责、事事留心。例如早晨的卫生监督、作业上交、早读、课间操、课堂纪律、午休管理、自习课等，每件事物都负责到底，细致监督。当然，在监督引导学生的同时，我也不忘结合他们的个性特点进行思想道德教育，以培养他们正确的学习习惯、积极向上的人生态度和正确的人生价值观。此外，为使班级日常管理做到科学化、合理化、规范化，我还建立了一系列班级管理制度。

2. 班级活动方面

我鼓励学生参与各项有益身心的活动，也和学生一起策划主题班会、趣味知识抢答、电脑节、冬季运动会等活动，以便快速融入学生队伍之中，更好地了解他们，知道他们所需，为以后的教学工作作铺垫。但在和学生打交道的过程中，我把握好了度，既让他们感受到老师的亲切，又树立自己的威信。

教育研习给了每一位同学上台交流经验的机会，让我们的思想和所得有了一个分享的平台，与此同时，台下的同学也可以发言和讨论，或发表自己的看法，提出一些改进的建议，讨论解决遇到的问题。教育研习也使我收获颇多，通过这样互动，我对自己的教学有了更深刻的反思，在发现自身不足的同时看到了他人身上的闪光点。此外，教育研习也让我对一些教学理念有了更深入的理解。

教育，我们姑且算是入了门，而往后要走的路还很长，还需我们一边学习一边行走。

第四节 教育实践成果展示与交流

教育实践成果展示与交流是教育实践总结反思活动的最后一个环节。这一个环节主要是展示与交流教育实践活动的成果及体会，指导教师和师范生共同对教育实践活动情况进行全面的总结反思和评价。教育实践成果展示与交流对于教育实践目标的达成、合作学习经验分享、评价能力和表达与交流能力培养等都有着十分重要的意义，不仅可以使教育实践活动发挥更大的教育作用，还可以让师范生感受成功的快乐，更是师范生相互借鉴、相互学习、引导反思深化的一种有效途径。此外，教育实践成果展示与交流也可以为学校持续改进教育实践的组织与管理提供丰富的、有益的参考资料和典型案例。

教育实践成果展示与交流活动可以分为四个步骤：导入—成果展示与交流—评价—小结。这四个步骤应紧扣教育实践活动内容而展开，一般以小组活动为主要形式。

一、导入

指导教师要简明扼要地介绍教育实践成果展示与交流的基本任务和相关要求，为师范生指明方向。

二、成果展示与交流

这里可以分三步进行：

第一，小组展示与交流。指导教师引导师范生在小组内全面展示自己的教育实践成果，充分发表自己的意见，使他们相互激励，共享信息。在此基础上，小组推选出最有价值的成果，准备参加班级展示与交流。

第二，班级展示与交流。首先，由小组代表向全班汇报小组活动的情况。汇报的内容包括：（1）小组教育实践活动的大致过程；（2）小组在教育实践活动过程中收集的有关数据及信息；（3）运用到的教学知识和方法；（4）教育实践活动的收获与体会。小组中的其他学生可以补充说明，不同小组的学生可以针对汇报情况进行质疑或提出合理建议，汇报者可以进行必要的答辩。这样不仅能使汇报者重温、反思活动过程，而且能给其他学生提供借鉴。

第三，校级展示与交流。班级择优推荐师范生在校级教育实践总结会上展示与交流，分享和积累更多的教育实践优秀经验，积极推进教育实践活动，不断创新教育实践形式，激发教育实践活力。

以上三轮教育实践成果展示与交流，既可以培养师范生的语言表达能力，也能够提升师范生收集、处理信息的能力和解决实际问题的能力，最重要的是可以引发师范生更全面、更深层次的反思。

三、评价

在成果展示与交流活动结束后，指导教师和师范生要对该活动进行总体评价，评选出优秀实践成果、优秀实践小组和优秀师范生。在评价时，每个师范生都要积极参与，开展自评与互评，充分发挥评价的激励和导向作用。

四、小结

这是教育实践成果展示与交流活动的最后一个步骤，由指导教师和师范生共同完成。其主要目的是对从成果展示与交流活动中评选出的优秀小组和优秀师范生给予表扬鼓励，对有创新甚至有科学研究价值的优秀实践成果进行肯定和推广，使师范生体验到成功的喜悦。此外，指导教师也要注意把优秀实践成果（如教案、图表、论文、体会、结论等）汇集起来，或装订成册，或制成展板，集中到成果展示室，向全校宣传展示。这种做法会在学校中形成重视教育实践的良好氛围，也可以为学校后续开展教育实践工作提供有益的参考。

以下是一位优秀师范生在教育实践成果展示与交流环节中的总结发言稿。

案例 10-4

教育实习总结发言稿①

尊敬的各位领导、老师和同学们：

下午好！能代表在××学校进行教育实习的学生在此发言，我感到十分荣幸。首先，我代表所有教育实习生对××学校表示最衷心的感谢，感谢××学校的各位领导，能够欣然接受委托，为我们提供教育实习机会，并为此进行了精心的安排；感谢负责指导我们教学及班主任实习工作的××学校的各位老师，四个月来对我们不间断地悉心培养，向我们传授了宝贵的教学和管理的方法、经验和心得；感谢××学校所有关心、指导和帮助过我们的其他老师及工作人员，正是因为有你们的默默支持，我们的教育实习才能如此圆满完成；最后还要感谢我们的大学指导老师对我们的悉心指导。

回顾这段教育实习经历，有太多的形容词可以来形容，全面、充实、忙碌、快乐、感动、依依不舍。在这个过程中，我们每个实习生都受益匪浅。我们深切意识到，教育是如此伟大的一项工作，作为人类灵魂的工程师，其使命、责任是何等地崇高！我们深刻体会到，作为一名合格的教师，能够胜任日常教学工作，又是多么地不易，不仅要具备扎实的专业知识功底，还必须系统掌握各种教学方法，技能要成熟，经验要丰富。这正是我们在实习过程中一直追求的目标。老师对我们具体而细致的指导，使我们朝这一目标前进的速度大大加快。我们真切感受到，要做好一名教师，需要充满爱和激情，拥有耐心和毅力，充分地理解和尊重学生，激活学生心灵深处的能源，照亮学生的精神世界。对于我们实习生来说，教师生涯才刚刚起步，实习过程中的所学、所思、所感、所悟，都将成为我们今后专业成长的宝贵财富。

实习工作让我们收获颇多。在教学方面，初上讲台的我们是青涩的，但经过反复备课、试讲、修改教案、上课、评课、总结反思，我们也渐渐适应了这三尺讲台。我们认真对待每一次上课，也珍惜每一次上讲台的机会。备课的时候，我们总是自己先通过各种手段去理解文本，整理好思路，再小组讨论，互相指出存在的不

---

① 来自百度文库中的实习生代表发言稿。

足，经过改进后再进行试讲。这当中，我们的指导老师们总是悉心地给我们提出好的建议。当然，尽管经过前面的层层改进，实际上课的时候有时也会出些状况，从刚开始慌乱到后来也能稍稍应付自如。一路过来，大家都有明显提高。课后，我们也及时组织评课。评课是帮助我们提高教学技能的最重要环节，我们的指导老师们在给予我们适当的肯定与鼓励之外，总是不厌其烦地指出我们需要改进的地方，这无疑是推动我们成长最好的助力！

在班主任工作方面，我们从督促学生早自习、跟操、监督眼保健操、随班听课等日常细微工作中学到了很多。怎样跟学生交流，用什么样的方式可以获得学生的尊重，这可是一门很深的学问。在班主任指导老师的悉心指导和帮助下，我们对于班级管理工作有了较深的了解，能够和学生很好地相处。

在这四个月里，我们学到了许多书本上没有的知识。每一个人也都有了自己的收获，收获了心中的那份经历、那份感受、那份回忆！我们体会到了作为一名普通教育者最真实的感受。在这段日子里，实习的酸甜苦辣我们都已有所感受，这已然是我们人生中的一次独特经历，也必将是我们今后走向工作岗位的一笔财富。

最后，我代表所有的实习生再次感谢各位领导、老师，并祝愿你们工作顺利，身体健康，阖家幸福！

谢谢大家！

2019年12月30日

第十一章　　教育实践成绩评定

　　教育实践是职前教师教育的一个重要环节，主要包括学科教学和班级管理两大模块。学校要全面、细致、科学、客观地评定师范生的教育实践成绩。师范生的教育实践成绩由教育见习成绩、教育实习成绩、教育研习成绩三个部分组成。

第一节　教育见习成绩评定

　　教育见习成绩评定的客观性和准确性，对师范生教育见习的积极性影响重大。但由于各个学校实施的教育见习计划存在差异，对师范生的教育见习成绩进行评定没有统一的尺度和标准，因此各个学校的师范专业教育见习成绩评定方面做得尚不够科学，评价指标不够全面，要么以偏概全，以一份教育见习总结"定终身"；要么是评价指标过多过繁、内容不具体，给操作带来很多困难。因此，制订客观、实用的师范生教育见习成绩评价体系对于教师培养尤为重要。

　　教育见习成绩主要由四个部分组成：（1）学科教学见习成绩，从了解见习学校学期工作计划、熟悉学期学科教学计划、观摩指导教师的课堂（教学与管理）、熟悉学科教学准备、熟悉课堂教学过程、了解课后教学反思的撰写、掌握作业布置与批改及潜能生辅导的要求七个方面进行评价，由高校指导教师以及见习学校指导教师根据见习生的具体表现打分，占总成绩的40%；（2）班级管理见习成绩，主要考核见习生在了解班级的基本情况、制订见习班主任工作计划、教育见习结束代表发言等方面的工作，由见习学校指导班主任根据见习生担任见习班主任的具体工作表现打分，占总成绩的30%；（3）专业素养成绩，主要包括见习生的教育理念、师德修养与教师礼仪、教育科研素养、反思与创新能力四个方面，由高校指导教师以及见习学校指导教师根据见习生的表现给予综合考查并打分，占总成绩的20%；（4）教育见习过程表现成绩，内容包括见习生的见习纪律、见习教学周记、见习工作汇报等方面，由高校指导教师与见习小组成员根据见习生所提供的相关资料以及见习汇报情况打分，占总成绩的10%。教育见习成绩评定的具体维度与评定标准等如表11-1所示。

表 11-1　教育见习成绩评定表

维度	序号	评定标准	额定分数	评定等级及分值					应得分值
				优秀 1.0	良好 0.8	中等 0.7	及格 0.6	不及格 ≤ 0.5	
学科教学	1	了解见习学校学期工作计划	5						
	2	熟悉学期学科教学计划	5						
	3	观摩指导教师的课堂	5						
	4	熟悉学科教学准备	5						
	5	熟悉课堂教学过程	7						
	6	了解课后教学反思撰写	7						
	7	掌握作业布置与批改及潜能生辅导的要求	6						

续表

维度	序号	评定标准	额定分数	评定等级及分值					应得分值
				优秀 1.0	良好 0.8	中等 0.7	及格 0.6	不及格 ≤ 0.5	
班级管理	1	了解班级的基本情况	10						
	2	制订见习班主任工作计划	10						
	3	教育见习结束代表发言	10						
专业素养	1	科学教育理念	5						
	2	师德修养与教师礼仪	5						
	3	教育科研素养	5						
	4	反思与创新能力	5						
教育见习过程表现	1	见习纪律	3						
	2	见习教学周记	3						
	3	见习工作汇报	4						
总计			100						

教育见习总成绩=学科教学见习成绩+班级管理见习成绩+专业素养成绩+教育见习过程表现成绩。总成绩按优秀（大于等于90分）、良好（大于等于80分且小于90分）、中等（大于等于70分且小于80分）、及格（大于等于60分且小于70分）、不及格（小于60分）五个等级评定，记入教育见习鉴定表，载入师范生个人教育实践档案。

第二节 教育实习成绩评定

由于教育实习是一项综合性强、涉及面广、比较复杂的实践性活动，国内外对于如何评价高等院校师范生的教育实习质量至今没有一个标准的体系。从总体上看，现行的师范生教育实习评价存在以下不足：一是过分注重知识与技能评价，忽略了专业素养评价；二是过分注重结果评价，忽略教育实习过程评价；三是过分注重教师评价，忽略其他评价主体对实习生的评价。[①]

教育实习成绩由学科教学、班级管理、专业素养、教育实习过程表现四个部分构成：（1）学科教学实习成绩，从教学设计、试讲、上课、作业布置与批改、课外辅导与学业评价共五个方面进行评价，由高校指导教师以及实习学校指导教师根据

[①] 牟超兰. 高等院校师范生教育实习有效性评价体系研究 [J]. 经济研究导刊，2013（4）：299-300.

实习生的具体表现打分，占总成绩的40%；（2）班级管理实习成绩，主要考核实习生在班规制订、班干部选拔与培养、座位编排、班级文化建设、突发事件的处理、各方教育力量的协调、个别指导与心理辅导等方面的工作，由实习学校指导班主任根据实习生担任实习班主任的具体工作表现打分，占总成绩的30%；（3）专业素养成绩，内容与教育见习相同，从实习生的教育理念、师德修养与教师礼仪、教育科研素养、反思与创新能力四个方面进行评价，由高校指导教师以及实习学校指导教师根据实习生的表现给予综合考查并打分，占总成绩的20%；（4）教育实习过程表现成绩，是指对实习生的实习纪律、实习教学周记与月记、实习工作汇报等方面进行的评定，由高校指导教师与实习小组成员根据实习生所提供的相关资料以及实习汇报情况打分，占总成绩的10%。教育实习成绩评定的具体维度与评定标准等如表11-2所示。

表 11-2　教育实习成绩评定表

维度	序号	评定标准	额定分数	评定等级及分值					应得分值
				优秀 1.0	良好 0.8	中等 0.7	及格 0.6	不及格 ≤ 0.5	
学科教学	1	教学设计	8						
	2	试讲	8						
	3	上课	8						
	4	作业布置与批改	8						
	5	课外辅导与学业评价	8						
班级管理	1	班规制订	5						
	2	班干部选拔与培养	4						
	3	座位编排	4						
	4	班级文化建设	5						
	5	突发事件处理	4						
	6	各方教育力量的协调	4						
	7	个别指导与心理辅导	4						
专业素养	1	科学教育理念	5						
	2	师德修养与教师礼仪	5						
	3	教育科研素养	5						
	4	反思与创新能力	5						
教育实习过程表现	1	实习纪律	3						
	2	实习教学周记与月记	3						
	3	实习工作汇报	4						
		总计	100						

教育实习总成绩=学科教学实习成绩+班级管理实习成绩+专业素养成绩+教育实习过程表现成绩。总成绩按优秀（大于等于90分）、良好（大于等于80分且小于90分）、中等（大于等于70分且小于80分）、及格（大于等于60分且小于70分）、不及格（小于60分）五个等级评定，记入教育实习鉴定表，载入师范生个人教育实践档案。

第三节 教育研习成绩评定

新一轮基础教育课程改革要求教师应该成为教育过程的反思者和研究者，教育研习就是为了适应这一要求而设置的一种职前教师教育实践课程模块。[①]尽管教育研习工作已经上升到国家教育政策层面，但因为其实施涉及方方面面，对人员素质要求相对较高，实际操作难度较大，考核评价机制尚需健全，目前的工作进展并不尽如人意。

教育研习成绩主要由学科教学研习成绩、教育管理研习成绩、专业素养成绩、教育研习过程表现成绩四个部分组成：（1）学科教学研习成绩，从参与课程标准与教材研究的积极程度、掌握课程标准与教材内容研习最常用的方法、掌握课堂教学研习最常用的方法等方面进行评价，由高校指导教师、研习学校指导教师以及同组研习生根据其实际表现打分，占总成绩的40%；（2）教育管理研习成绩主要考核研习生是否能积极参与课堂与班级管理研习、掌握课堂与班级管理研习中最常用的方法、掌握特殊学生个案研究法，由高校指导教师、研习学校指导教师以及同组研习生根据其具体表现打分，占总成绩的30%；（3）专业素养成绩，内容与教育见习、教育实习相同，从研习生的教育理念、师德修养与教师礼仪、教育科研素养、反思与创新能力四个方面进行评定，由高校指导教师、研习学校指导教师以及同组研习生根据其具体表现给予综合考查并打分，占总成绩的20%；（4）教育实习过程表现成绩，是指对研习生的研习纪律、研习总结、研习工作汇报等方面进行的评定，由高校指导教师、研习学校指导教师以及同组研习生根据其具体表现打分，占总成绩的10%。教育研习成绩评定的具体维度与评定标准等如表11-3所示。

表11-3 教育研习成绩评定表

维度	序号	评定标准	额定分数	评定等级及分值					应得分值
				优秀 1.0	良好 0.8	中等 0.7	及格 0.6	不及格 ≤ 0.5	
学科教学	1	参与课程标准与教材研究的积极程度	6						
	2	掌握课程标准与教材内容研习最常用的方法：内容分析法	7						

---

① 赵桂香，张洪菊，孙继明. 浅谈对教育研习的认识 [J]. 学周刊，2019（33）：58.

维度	序号	评定标准	额定分数	评定等级及分值					应得分值
				优秀 1.0	良好 0.8	中等 0.7	及格 0.6	不及格 ≤ 0.5	
学科教学	3	能反思所任教科目课程标准与教材分析中存在的问题	6						
	4	掌握课堂教学研习最常用的方法：课堂观察法	7						
	5	能对课堂教学案例进行认真研习，并指出其优点与不足	7						
	6	结合课堂教学研习，反思自己的课堂教学，并提出改进意见	7						
班级管理	1	积极参与课堂与班级管理研习	7						
	2	掌握课堂与班级管理中最常用的方法：教育叙事法	8						
	3	结合课堂与班级管理研习，能对自己的课堂管理行为作出反思与评判	8						
	4	掌握特殊学生个案研究法	7						
专业素养	1	教育理念	5						
	2	师德修养与教师礼仪	5						
	3	教育科研素养	5						
	4	反思与创新能力	5						
教育研习过程表现	1	研习纪律	3						
	2	研习总结	3						
	3	研习工作汇报	4						
		总计	100						

教育研习总成绩=学科教学研习成绩+教育管理研习成绩+专业素养成绩+教育研习过程表现成绩。总成绩按优秀（大于等于90分）、良好（大于等于80分且小于90分）、中等（大于等于70分且小于80分）、及格（大于等于60分且小于70分）、不及格（小于60分）五个等级评定，记入教育研习鉴定表，载入师范生个人教育实践档案。

主要参考文献

[1] 陈火弟，吕学峰，曹宇. 本科师范生"多维度、全方位、一体化"教育实践模式的构建与实践：以东华理工大学为例 [J]. 东华理工大学学报（社会科学版），2018，37（2）：172-175.

[2] 赵昌木. 教师成长：实践知识和智慧的形成及发展[J]. 教育研究，2004（5）：54-58.

[3] 周琴，周敏. 基于反思性实践的师范生"教育见习、研习、实习一体化"实践模式的探讨 [J]. 教育现代化，2018，5（45）.

[4] 黄慧静，辛涛. 教师课堂教学行为对学生学业成绩的影响：一个跨文化研究[J]. 心理发展与教育，2007，23（4）：57-62.

[5] 李洪芹. 在小学英语课堂中创建新型教学结构之我见 [J]. 读写算：教育教学研究，2013（36）：325.

[6] 许娜，高巍，郭庆. 新课改20年课堂教学评价研究的逻辑演进 [J]. 教育研究与实验，2020（6）：49-55.

[7] 张社争，王鸿伟. 从外延式到内涵式：新时代课堂管理的思路转变 [J]. 教育理论与实践，2020，40（17）：11-14.

[8] 刘雪梅. 论教学反思的主要内容[J]. 中学课程辅导：教师教育，2016（2）：12-13.

[9] 郑学志. 班级管理60问 [M]. 上海：华东师范大学出版社，2012.

[10] 万玮. 班主任兵法 [M]. 上海：华东师范大学出版社，2004.

[11] 杨必武，尚继武，朱凯. 师范生教育研习的问题与改进策略 [J]. 湖北工程学院学报，2018（1）：82-85.

[12] 沈毅，崔允漷. 课堂观察：走向专业的听评课 [M]. 上海：华东师范大学出版社，2008.

[13] 汪先平. 中小学教师专业标准视角下高师学生教育见习的价值探析 [J]. 课程教育研究，2017（49）：186-187.

[14] 牟超兰. 高等院校师范生教育实习有效性评价体系研究[J]. 经济研究导刊，2013（4）：299-300.

为收集对教材的意见建议，进一步完善教材编写和做好服务工作，读者可将对本教材的意见建议通过如下渠道反馈至我社。

咨询电话　400-810-0598

读者服务邮箱　gjdzfwb@pub.hep.cn

通信地址　北京市朝阳区惠新东街 4 号富盛大厦 1 座

　　　　　高等教育出版社总编辑办公室

邮政编码　100029